I0150168

Yuri Bautta

FUOCO SULLA COLLINA
piccolo viaggio nei mondi di Ivan Graziani

Illustrazioni di Adriano Fragano

prima edizione: luglio 2014
Yuri Bautta©2014

ISBN: 978-88-909031-5-1

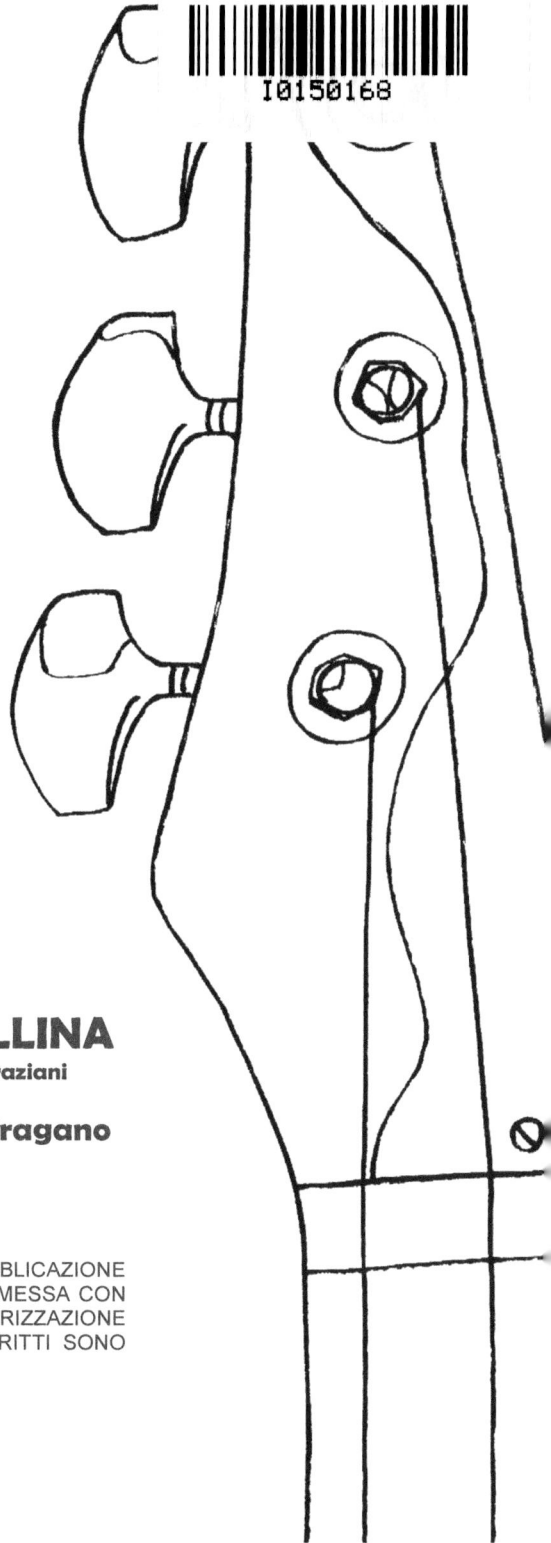

Dedicato a tutti i Miguel del mondo
e alle altre anime senza nome.

Sommario

Introduzione dell'autore

È meglio mettere le cose in chiaro: non sono un chitarrista. Non so leggere la musica e solo di recente ho scoperto che cos'è un *plettro*. L'unico strumento che io abbia mai tormentato è il flauto, in seconda media.

Non è che ci sia da vantarsene, anzi, me ne vergogno moltissimo.

Sto per rivelare una colpa ancora più grave: fino a pochi anni fa, conoscevo Ivan Graziani solo per i suoi maggiori successi, quelli che ogni tanto le radio assennate fanno ancora passare.

Ma un martedì sera nebbioso, nella bassa modenese, ho assistito a un concerto strano. Un signore di nome Giovanni Po cantava e suonava la chitarra, mentre un altro signore di nome Enrico Zanella traeva note meravigliose da un oggetto che, come mi hanno spiegato in seguito, si chiama basso. Avevo creduto che fosse un ukulele.

I due chitarristi tiravano fuori dal tempo certe canzoni dimenticate in soffitta, le ripulivano dalla polvere sfiorandole con le dita mentre, come maghi o illusionisti, me le presentavano facendo un inchino. A un certo punto Giovanni si è levato il cilindro e ha dichiarato, con una certa leggerezza: "La prossima canzone è di Ivan Graziani. Parla della mediocrità."

Le mani sinistre dei due prestigiatori si sono trasformate in grossi ragni, poi hanno cominciato a correre su e giù per i fili delle chitarre (o erano balalaike?) ed è partita *Kryptonite*.

Non bastava che io avessi l'espressione di Paperino quando pensa "!", no. Per darmi il colpo di grazia i miei due tormentatori hanno poi suonato *Palla di Gomma*, rovinandomi così la serata e la nottata. E gettandomi in una tragica angoscia che dura ancora oggi. Dopo quel martedì sera, infatti, come farò a capacitarmi di avere perduto tanto tempo prima di conoscere le storie di Ivan Graziani?

Dico *storie*, perché Ivan raramente indugia su concetti astratti e mielosi. Non dico che non siano apprezzabili coloro che qualcuno, forse esagerando, definisce poeti: semplicemente, non voglio parlare degli altri. Ivan non è, proprio, un poeta: non solo. Meglio, è un formidabile narratore. Nelle sue canzoni ci sono personaggi principali e secondari, trame, intrecci, colpi di scena. Scazzottate, baci, viaggi, fregature, leggende, motociclette da cross, sesso, barboni, storpi, delusioni, preti, fumetti, animali (soprattutto lupi), treni, poliziotti, vergini, dèi, navi, città, mostri, autogrill, santi, eroinomani, ladri, asciugamani.

Niente di più facile, per chi come me non può fare a meno di scrivere, che innamorarsi immediatamente di questo mondo, anzi di questi mondi e di questi paesaggi. Borges diceva che un personaggio di Ivan Graziani non muore quando hai finito di ascoltare la canzone. La sua storia continua nella tua immaginazione, si moltiplica in nuove trame e in altre avventure; e questa seconda vita è la vera vita della canzone. Sì, può darsi che Borges si riferisse a Don Chisciotte, ma è solo perché non aveva mai ascoltato *Kryptonite*.

Il mio libro non vuole essere un "prolungamento" delle canzoni di Ivan. Non ne sarei mai capace, ed esse non ne hanno alcun bisogno. Ognuno di questi dodici racconti è il mio personale modo di rispondere all'atmosfera che ho respirato in quelle canzoni.

Le donne, gli uomini e gli animali (soprattutto lupi), adesso stanno scorrazzando tra le parole che ho scritto. Chissà se, leggendo questo libro e guardando le illustrazioni, un giovane chitarrista comporrà una canzone su altre donne, uomini e animali. Sarebbe uno strano albero, direi genealogico, i cui rami sono racconti, fumetti, storie, poesie, note musicali, ragni a forma di mano sinistra. Vi ricordate l'albero contorto sulla copertina dell'album *I lupi*? Ricordate che alla base, fra le radici, faceva capolino il volto di Ivan Graziani?

Buon divertimento.

Fuoco sulla collina

"...gli altri hanno già raggiunto la cima
vedremo il fuoco sulla collina."

La valle del fiume Fontanacce si apriva nel cuore dell'Appennino. Al sole d'aprile, il vento di nord-est scavalcava il crinale per portare l'ultimo brivido alla toscana. Una poiana ruotò la testa e guardò in basso, senza deviare il corso del volo. Il bosco respirava, tenero di foglie giovani, sulle pendici del monte Nuda. Sotto le pinete più alte il verde si faceva chiaro sui rami dei castagni e delle betulle, infine precipitava tra le pietraie del torrente. L'ombra della poiana passò senza essere vista al bordo di una radura piena di ortiche e trifoglio, sfiorò un gran cespuglio di cardo e penetrò fra i tronchi di faggio, perdendosi nell'oscurità vibrante.

Dentro e fuori le macchie di luce, nel balenare di polvere e sole, al riparo dei rami e dei massi sporgenti, Gianni era in cammino verso il fiume. Aveva gli occhi del colore dei montanari, di quel celeste che tanto contrasta con la carnagione olivastra. Era un azzurro di cielo che sta per coprirsi, di fiume senza energia. Dentro le sue iridi si poteva vedere, con poca fantasia, il camminare affannoso del torrente Fontanacce in quell'aprile 1945, con gli stessi insensati ghirigori, lo stesso riflesso di poiana in cielo e la stessa vena rossa di sangue giovane.

Uno scarpone spezzò i riflessi sull'acqua. Gianni aveva cercato il punto migliore per guadare il torrente senza bagnarsi, ma un passo era risultato troppo corto.

"Porco cane!" disse, affrettandosi a ritirare lo scarpone dall'acqua.

Si sedette sulla riva. Sfilò lo scarpone e dopo un piccolo indugio tolse anche l'altro, godendosi un istante di riposo a piedi nudi. Il sole aveva cominciato ad accendere le pendici più basse del monte di Sant'Eurosia, illuminando il sentiero che Gianni aveva percorso, partendo molto prima dell'alba da San Pellegrino in Alpe. Adesso potevano essere le nove o le nove e mezza.

Gianni aveva quindici anni. Con il nome di battaglia di John, che lui stesso si era dato, doveva raggiungere il monte Giovo per dare man forte alla brigata partigiana Libertà. Senza armi se non quelle dell'ingegno e del coraggio, nessuna divisa se non una vecchia tuta da lavoro arancione, aveva marciato attraverso i boschi per più di sei ore. Due volte aveva sentito un fragore lontano, basso e sordo come quello del tuono o del mortaio; verso l'alba aveva visto tra le foglie, contro le stelle, la sagoma di un aereo della Luftwaffe passare a un palmo dai suoi capelli dritti.

E ora si trovava a metà strada, proprio in fondo alla valle. Adesso c'era da arrampicarsi fino al Passo della Boccaia, quindi lasciarsi sulla sinistra il monte Nuda. Prima era meglio infilarsi gli scarponi.

Gianni allacciò le stringhe e riprese la marcia. Correre in salita lo aveva sempre affascinato, così in poco tempo fu senza fiato. Proseguì allora più lentamente sotto i pini ricevendo qualche frustata sul viso. Ma le foglie morbide sembravano carezzare, più che colpire.

Il sole era già molto alto, tutta la vallata si stava rapidamente riscaldando. Gianni sentì gli occhi farsi pesanti e stanchi. Dopo una notte insonne e una lunga marcia, il sottobosco soffice era una tentazione a cui non resistette a lungo. Non voleva dormire, intendeva solo riposare un poco prima di affrontare la parte più faticosa del viaggio, la vera salita. Non c'era tempo per dormire. Ogni minuto poteva essere prezioso: si diceva che i mortai tedeschi stessero martellando le postazioni partigiane dalla valle delle Tagliole. Radio Londra diffondeva notizie di vittoria imminente, e Gianni non aveva ancora mai combattuto! La fine della guerra sarebbe dunque arrivata così, a tradimento, mentre lui dormiva sotto il ramo d'un pino?

Si distese sulla terra morbida, la nuca su una radice. Avvertì una puntura d'insetto nell'incavo del gomito destro e maledisse vagamente la genìa dei calabroni, ma già gli occhi gli si chiudevano lentamente; il respiro si fece meno veloce, i pensieri divennero sogni.

Aprì gli occhi. Era disteso su una barella. Vicino a lui, decine di persone concitate correvano avanti e indietro parlando ad alta voce in una lingua che non era la sua. Gianni aveva l'impressione di sapere dove si trovasse: in un ospedale da campo americano. Ma se provava a concentrarsi su questo pensiero gli doleva la testa; come facesse poi a conoscere questo dettaglio, era per lui un mistero. Dalla sua posizione riusciva a vedere il soffitto di tela e le ombre dei medici e dei militari, veloci, intorno. Mosse gli occhi. Una donna estrasse una siringa dal braccio destro di Gianni e lo guardò.

"Buongiorno," gli disse.

Un uomo in camice bianco entrò nel campo visivo di Gianni.

"Ha ripreso conoscenza?" domandò in inglese.

"Non lo so," rispose la donna, sempre in inglese, "muove gli occhi ma credo che sia solo un riflesso involontario. Probabilmente non è cosciente, però ogni tanto gli parlo, non si sa mai che possa sentirmi."

Prima di allontanarsi l'uomo col camice scosse la testa. La donna posò la siringa e prese da una bacinella una spugna bagnata. Dopo aver aperto la camicia di Gianni cominciò a lavare la sua pelle. Quella spugna, mossa da una donna che cantava piano una canzone misteriosa, in mezzo alle grida, ai lamenti dei soldati, alla polvere, gli diede un brivido piacevole solo per metà. Si rese conto che mai come allora aveva avuto voglia di piangere, e chiuse gli occhi.

Gianni si svegliò. Dopo pochi istanti il sogno gli tornò in mente. Per scacciare l'inedita sensazione di disagio che gli aveva lasciato addosso, o forse solo per combattere la solitudine, egli estrasse l'arma (l'unica che un ragazzo dovrebbe avere in dotazione) e rapidamente la scaricò pensando alla donna del sogno.

Il sole si era spostato molto, Gianni calcolò che fosse quasi mezzogiorno. C'era qualcosa, nel paesaggio intorno, di anormale. Forse era solo l'ora del giorno che colorava diversamente il bosco, o forse era l'intontimento di chi si è appena svegliato. Ma quando si era addormentato le foglie erano fresche e c'era nel terreno una morbidezza primaverile. Ora gli alberi, pensò Gianni, incombono più scuri. Riprese la marcia seguendo con lo sguardo l'avvallamento del Passo, nitido contro il cielo tra gli squarci del fogliame. Saliva attraverso pietraie che scivolavano sotto gli scarponi, attaccandosi ai tronchi e alle zolle di terra, finché il fiato gli riempiva la gola. Allora si fermava a riposare qualche minuto, la schiena contro un nocciolo, ad ascoltare i rumori del bosco. Vide tre scoiattoli e, una volta, l'ombra di un grande uccello dalle ali tese ed immobili, passare e scomparire.

Come sembravano felici, quegli animali. Non davano l'impressione di cercare qualcosa di diverso, e Gianni pensò che probabilmente avevano già tutto. Li invidiò perché lui, invece, non sarebbe stato felice finché non avesse raggiunto la brigata partigiana Libertà sulla cima di un monte; un monte così lontano da casa sua e dalla sua famiglia, che era inutile chiedersi quanto ed era meglio non pensarci affatto.

Più Gianni saliva, più la sua stanchezza si faceva sentire nei polpacci come negli occhi. Adesso il fogliame era decisamente più scuro e il terreno più secco, come nei boschi d'agosto. Anche la sua tuta da lavoro, che era sempre stata arancione, aveva assunto una tinta rossastra da capriolo. Le caviglie di Gianni sfiorarono cespugli di lamponi maturi, ortiche e fragole. Il caldo cominciò a farsi sempre più intenso, trasformando una giornata d'aprile in un'anticipazione di luglio.

Ma era davvero aprile?

Nelle praterie, i cardi in fiore segnavano il limite tra il bosco e le distese di ginestra e verzolo. Al rumore di passi, alcuni caprioli si allontanarono veloci dall'ombra dei rami più bassi dei faggi, dove si erano rifugiati per difendersi dalla calura di mezzogiorno; Gianni non fece in tempo a contarli, ma solo a vederne i posteriori bianchi saltellanti, come lepri dell'aria. Si sbottonò la tuta, gettando indietro l'estremità superiore e lasciandola pendere e sbattere contro i suoi talloni in marcia. Mentre procedeva lungo un vecchio sentiero da boscaiolo, un grido terribile di cinghiale lo fece trasalire; dopo che ebbe sentito il cinghiale allontanarsi, proseguì il cammino.

Verso l'una del pomeriggio raggiunse il Passo della Boccaia. La sua maglia bianca di cotone era inzuppata di sudore, i piedi coperti di vesciche. Il sole a perpendicolo illuminava l'ampio panorama, così Gianni si concesse un istante di contemplazione della vallata. Con i capelli bagnati, trovò un riparo dal sole fra tre pini; da una tasca estrasse una fetta di pane e la divorò velocemente. Ricordava di avere attraversato un ruscello e di essersi fermato a bere: riprese la marcia verso la cima del monte, ritrovò il ruscello più in alto e bevve ancora, avidamente, dalle mani unite.

Ma l'ombra offerta da certi massi umidi di muschio, il pane appena mangiato e la stanchezza lo fecero di nuovo sedere. Il

sole scendeva verso la casa di Gianni mentre, nelle radure d'alta quota, le piccole cavallette raccontavano storie con un incessante strofinio di zampe. Gianni pensò a cosa lo attendeva lassù oltre l'ultima salita. Gli piaceva pensare che i partigiani l'avrebbero fatto caporale, o qualcosa del genere. Avrebbe voluto comandare un gruppo di uomini coraggiosi come quelli visti al cinema, e si sarebbe distinto per qualche mirabolante avventura. Avrebbe sicuramente fatto fuori un plotone di tedeschi, sparando con una mitragliatrice dalla cima del monte. Forse sarebbe riuscito anche ad abbattere uno di quegli aerei meravigliosi. Questo, però, un po' gli dispiaceva.

Ecco cosa avrebbe fatto: si sarebbe lanciato dalla cima d'un frassino sulle ali di un apparecchio delle *esse-esse*, avrebbe accoppato il tedesco e, seduto al posto di guida, senza atterrare più, avrebbe sorvolato tutto l'Appennino, forse fino a Piandelagotti, o addirittura più in là. Il pensiero di vedere dall'alto il suo cortile, gli amici e il cane di nome Nerone, lo fece sorridere e chiudere gli occhi. Chissà se sarebbe mai ritornato a casa, chissà se avrebbe avuto una medaglia dorata sulla tuta da lavoro.

Sotto il grande masso il vento fresco lo accarezzò, il riverbero delle pendici assolate di fronte a lui si fece strada anche attraverso le palpebre chiuse. Se si fosse addormentato di nuovo non sarebbe stato poi un gran male. Ma poco, però, solo dieci minuti. Solo finché il sole non avesse smesso di spargli in faccia tutto il suo chiarore.

Il chiarore della luna incombeva su di lui, come un disco bianco sfocato; ma era il viso di una donna e profumava di sapone. L'infermiera si sollevò e: "Sì," disse a qualcuno, "respira ancora."

Gianni mise a fuoco il soffitto di tela verde dell'ospedale da campo. Sapeva che le parole che udiva erano dette in una lingua straniera, forse americano, eppure gli riusciva perfettamente d'intenderne il significato. Un uomo dalla voce sconosciuta entrò nel campo visivo. Gianni poteva solo scorgerne il camice, meno bianco che sporco di sangue marrone.

"E questo?" domandò lo sconosciuto.

"È un irregolare, signor capitano. L'hanno trovato una settimana fa nei boschi, a meno di un miglio da qui."

"Che ha? Si è rotto la schiena?" chiese l'ufficiale.

"No, signore," rispose la donna. "Non abbiamo riscontrato lesioni. Però è in uno stato catatonico. Non si muove, non parla, si limita a muovere gli occhi quando è sveglio."

"Dove ha detto che è stato raccolto?"

"Nel bosco, signore. Vicino ad un aereo tedesco abbattuto. La cosa strana è che non si è trovato il corpo del pilota."

"E che importanza ha? Uno in più, uno in meno. Se non dà segni di risveglio lo trasferiamo all'ospedale civile. Non abbiamo abbastanza brande per i nostri, figuriamoci."

"Signorsì," disse la donna, e l'uomo si allontanò.

Poi l'infermiera, perché questo doveva essere, se non era un sogno a forma di donna, tirò una tenda vicino alla branda e cominciò a svestire Gianni: prima la camicia di tre taglie in più, poi le ampie braghe appartenute a chissà chi, infine i mutandoni che forse risalivano alla grande guerra e non avevano mai conosciuto elastico. Gettò i panni sporchi accanto a sé, ne prese altri puliti e rivestì Gianni: altri mutandoni, altre braghe, un'altra enorme camicia…

E, ad ogni movimento, il corpo della donna si avvicinava fino quasi a toccare quello di Gianni, le braccia gli passavano accanto leggere; Gianni sentiva il contatto che quasi non c'era, avvertiva il calore di una pelle tanto vicina al suo petto e alle sue gambe, che più vicina non avrebbe potuto essere senza che i piccoli pori dell'una e le vene sporgenti dell'altra facessero molto più che sfiorarsi. La presenza di un altro corpo, pur separato dal suo da qualche molecola d'aria, urlava con una potentissima voce silenziosa che sapeva di lavanda, aveva la forma di quelle grosse saponette da bucato che sono capaci di trasformare un semplice lenzuolo in un luogo dove tornare. Ma era la tela grezza che strusciava sulla sua pelle d'oca, o erano quelle mani che avevano visto quasi tutto, e fatto ancor di più?

Per sistemare la camicia alla schiena di Gianni, la donna si sporse con il viso sopra la spalla sinistra di lui. E impiegò più tempo del dovuto perché era stanca, la posizione era scomoda, e la sua divisa da infermiera da campo aveva una forma ed una consistenza fatte per altri e più piacevoli esercizi. Ma pur essendo quella postura assai disagevole, lei non si ritrasse: gradual-

15

mente fece di Gianni il proprio materasso e del suo viso un cuscino. Il suo respiro si acquietò contro la camicia semiaperta di Gianni ed entrambi presero sonno così, ignorando completamente le voci degli uomini, qualche risata sforzata dei troppi ragazzi ancora senza barba e l'odore di alcol.

Gianni si svegliò ed era già quasi buio. Si diede dello stupido per aver dormito così tanto. L'aria fredda odorava di neve come sa fare solo a metà novembre sopra le ultime pinete. Pensò alla donna del sogno: come era morbido il suo peso, come sapeva muovere le mani. Si chiuse la tuta da lavoro fino al collo e si rimise in cammino. Strascicando i piedi e incespicando alla luce della luna, sulle foglie secche, tra i rami spogli degli sparuti faggi, lasciando impronte sulla neve, arrivò sotto la cima del monte Giovo. Il vento soffiava gelido. Un poco più in alto, Gianni vide una luce di fuoco. In una piccola valletta di pietre, riparato dal vento, c'era un falò, intorno al quale alcune figure erano accucciate nel buio.

Finalmente era arrivato; questi dovevano essere i partigiani della brigata Libertà.

Gli venne in mente che non era bello strisciare così di soppiatto, nel buio, come un tedesco. Mentre rifletteva sul modo migliore di annunciare la sua presenza, uno scappellotto all'improvviso lo fece ruzzolare sui ginocchi.

"Oh, ragazzi," gridò una voce d'uomo, "guardate qua cos'ho trovato!"

"Chi è?"

"Sembra un montanaro."

"Di'," gli disse un partigiano barbuto, che aveva una cartucciera a mo' di cintura, "chi sei? Cosa fai qua?"

E lui, guardandosi intorno ad occhi spalancati, sentendosi un intruso tra quelle facce deformate dai guizzi del buio e del fuoco: "Mi chiami Gianni, anzi John! Voi siete i partigiani?"

Alcuni restarono a fissarlo a bocca aperta come si scruta un pacco di doni sconosciuti paracadutati dal cielo. Altri si guardarono tra loro con un po' di sospetto. Ma la faccia di Gianni, il suo aspetto, il suo modo di parlare non erano quelli d'una spia. Cominciarono a fargli domande, come si fa con chi viene dalla tua

16

terra: cosa si dice a Sant'Anna, sono passati i tedeschi per Pieve-pelago, si trova ancora lo zucchero al mercato nero, e cose così.

Alle tre di notte Gianni faceva parte della brigata Libertà, anche se in modo del tutto inatteso, e conosceva i nomi di tutti i partigiani del gruppo. Il Comandante, l'uomo con la barba, che si chiamava Falco, gli indicò un grosso secchio nella neve, pieno di oggetti scuri.

"Sta' a sentire, Gianni," gli disse. "Lì ci sono delle patate. Vanno tutte pelate prima di domattina, 'ché bisogna cuocerle prima di partire."

"Partire per dove?" chiese Gianni, il riflesso del fuoco danzando nelle sue pupille color fiume. "Dov'è che andiamo, Falco?"

"Te, non vai da nessuna parte. Stai qua con il Volpino e il Pù. Io porto gli altri in un posto. Ci servono le patate da mangiare per la via."

Così Gianni, anzi John, si sedette sulla neve vicino al fuoco, si buttò sulle spalle due pesanti coperte, prese un coltellaccio, cominciò a pelare una patata, due patate, tre patate…

Quando nel cielo intorno al monte Cimone si diffuse un tenue, debole bagliore grigio, cominciò a nevicare. I rumori della notte: il respiro degli uomini addormentati sotto le coperte, il vento tra gli abeti, un piccolo animale di passaggio, si spensero di colpo. Gianni guardò l'inverno che ricopriva le sue montagne, vide se stesso seduto tra gli uomini armati come al cinema, sorrise e chiuse gli occhi. Rimase seduto lì a lungo, con gli occhi chiusi e un sorriso un po' sbilenco sulla faccia da bambino. L'ombra di un grande uccello dalle ali ferme passò sopra il campo addormentato, seguì il contorno delle rocce indifferenti alla guerra, arrivò al fiume giù in fondo e sparì tra gli alberi neri.

Gianni aveva gli occhi aperti.

La donna si svegliò e si accorse che aveva dormito sul corpo inerte di quello strano italiano, che muoveva gli occhi e non parlava.

Si svegliò perché c'era qualcosa di sbagliato. Non nell'ospedale da campo, galleggiante nel silenzio della notte; neanche nella notte fuori, che attendeva nel buio. Era una sensazione di vuoto, di assenza. Si drizzò e si sgranchì le gambe intorpidite dalla

17

posizione innaturale. Guardò Gianni e, ancora, fu presa da un istintivo senso di irreparabile tristezza. Lentamente posò la guancia morbida sul suo petto e ascoltò. Ma il petto di Gianni era un torrente arido, uno di quei fiumi tortuosi che nella primavera del 1945 scendevano stanchi lungo le pietraie assolate, poi vedevano danzare le foglie raggrinzite dei castagni, infine si congelavano con troppa fretta, lasciando trasparire sotto la crosta di ghiaccio una lunga riga rossa.

La donna avrebbe voluto piangere, sarebbe stato giusto. Ma non ci riuscì: si limitò a chiudere con la mano le palpebre di John, che rimase sdraiato lì a lungo, con gli occhi chiusi e un sorriso un po' sbilenco sulla faccia da bambino.

Scappo di casa

*"...non ho imparato a leccare bene
la mano di chi mi dà da mangiare."*

Alle otto del mattino Sycamore Avenue non è mai deserta, nemmeno in febbraio. Forse, essendo l'umida foschia già scivolata dalla collina di Hollywood verso il folto della città, dove si mescola al colore dei gas di scarico, una o due figure con la tuta da ginnastica potrebbero arrancare su per la salita che viene da Fitch Drive, musica in cuffia e sguardo all'orologio. Ci vuole allenamento, per fare emergere questi eventuali podisti dal panorama. In mancanza di un uomo in tuta, prima di disperare, basta scrutare i bidoni verdi vicino al ristorante Yamashiro, perché un movimento riveli un carrello di supermercato che cigola davanti alla vecchia con cappello rosso di lana; per non parlare del vicolo retrostante, ricco fin dalla sera prima di teste di pesce e altri imperdibili orrori. Se siete ciechi a tali dettagli viventi, ecco che arriva da Camrose Drive l'autobus delle 8,05 il quale si ferma, sbuffa, non fa scendere né salire nessuno perché nessuno aspetta, quindi riparte per non trasportare nessuno tranne il conducente fino alla Franklin laggiù.

Il signor Joseph Strugatsky, di anni trentuno, arrancava proprio su per la salita da Fitch Drive, gli occhi a fessura per il sole frontale, il tic di saettare certi sguardi di sbieco, con l'idea che ogni figura in tuta da podista fosse lì per lui: fosse lì lì per ghermire il suo zainetto da studente. Arrivato che fu al numero 546, sudatissimo, diteggiò sulla tastiera citofonica fino a trovare il nome T. Williamson.

Nel frattempo il sole ingialliva le finestre e sbiancava i telai d'acciaio di un altro identico edificio vetrato poco più avanti, al numero 548, che aveva un'identica tastiera citofonica e uomini e donne a svolgere una quasi uguale giornata. Pochi, in verità, vista l'ora. Una donna in particolare mi interessa, di questo secondo edificio, seduta molto di sghembo nell'ufficio, il gomito sulla scrivania e la guancia sul palmo come persona che si stia annoiando immensamente.

"Frank", diceva al telefono, "io non so più come dirtelo, dai."

"Che cosa?"

"Vedi? Non sappiamo neanche di cosa stiamo parlando."

"Allora. Ascolta. La domanda è: ci vediamo ancora o è finita? È una domanda facile."

"Ho troppe abitudini legate a quest'uomo," pensò la donna seduta. "Ho voglia di sostituirle con altre?" Disse: "Ma sì. Senti, Frank, hanno suonato."

"Sì, a quest'ora."

"Perché? Io non sono in ufficio, a quest'ora? Non può arrivare un cliente, a quest'ora?"

"Ci sentiamo più tardi?"

"Va be'."

Dal citofono non ottenne che un gracchiare indistinto. Forse era un avviso di raccomandata da firmare. Disse: "Venga su. Quinto piano."

Il signor Joseph Strugatsky uscì dall'ascensore, fece due passi, si voltò agli antipodi per controllare la chiusura delle porte. Lo interessavano in modo acuto questi piccoli dettagli. Il suo zaino, cicciuto com'era, urtando il ficus benjamin del pianerottolo sparse terriccio fino alla porta di Stanley & Morrison, avvocati.

Tallulah Williams represse una piega all'angolo delle labbra. "Dica."

"È qui l'investigatrice privata?"

Lo guardò. "Sono io. Venga." Lo fece entrare e sedere nell'ufficio: a causa dello zainetto, sul bordo della sedia. "Dica," gli ripeté.

"Ah, sì, mi chiamo Strugatsky. Avevo sbagliato campanello! Ma lo sa che nell'edificio qui a fianco c'è un tale di nome T. Williamson? Assomiglia, no? Solo che lui è un commercialista. Lo sapeva?"

"Ma lei ha bisogno o è capitato qui per caso?"

"Ho bisogno, sì, sto cercando una donna. Adesso diciamo così: una donna. Ma è proprio lei l'investigatrice privata?"

"Senta, io sono molto occupata. Non so chi le abbia fatto il mio nome, ma guardi che i miei clienti sono persone importanti. Anche se lei potesse permettersi di pagare il mio tempo, e non ne sono certa, come le ho detto non ne ho molto." Il bamboccio sovrappeso, guardandola sempre negli occhi, faticò parecchio a cavarsi l'ingombrante zaino, se lo pose sulle ginocchia, lo aprì bisbigliando: "Posso pagare!"

Così l'attenzione di lei non poté evitare di cadere sugli orli di stoffa, sui lacci e sui legacci di quello zaino da studente di liceo; pieno, a prima vista, di un numero rispettabilissimo di biglietti da cento dollari.

Tallulah Williams, età anni quarantasei, nelle investigazioni private da ventidue, con domicilio a Baldwin e studio in una delle zone migliori di Hollywood con affaccio sulle Hills, nessun rapporto umano fallito ma nemmeno riuscito, ex fidanzata non praticante, reddito medio, mai un'evasione fiscale nota, ottimo parco clienti con il fiore all'occhiello di qualche attore, specializzata nelle indagini a sfondo matrimoniale di genere infingardo-traditore, a digiuno di prospettive d'anzianità, amante folle di settimane esotiche o mezze giornate di piacere spicciolo, ebbe un momento di pace mentale: senza domandarsi chi fosse l'uomo insignificante di fronte a lei o donde venisse tutto quel denaro, ruotò gli sguardi e la poltrona verso la finestra nuda.

"Non sembra molto sveglio," pensò mentre osservava senza vederla la crosta di Los Angeles, dove si sfrangia nell'oceano. "Per una vacanza a Malindi mi servono dai duemilacinquecento ai tremila dollari. Posso prendere un poco di tempo con il caso della signora Moss: col carattere debole che ha non farà troppe storie. Ci infilo due o tre giorni di indagini e scucio a questo bamboccio almeno mille al giorno, a motivo delle solite spese impreviste; poi lo scarico."

L'investigatrice rigirò la sedia verso il nuovo cliente con un viso che, seppur affatto impenetrabile, spandeva professionalità e, forse, comprensione umana.

"Può darsi che accetterò di lavorare per lei."

"Oh, bene, benissimo!"

"Ma prima, signor... Strugatsky (si pronuncia così? domandò un'alzata di sopracciglia; esattamente! rispose un cenno della testa), prima voglio farle una domanda. Una curiosità mia. Non che sia importante. Chi le ha fatto il mio nome?"

"Ah, niente, ho trovato un elenco delle agenzie d'investigazioni di Los Angeles. Su internet. Lo sa che ce ne sono più di trenta, in città? Avevo pensato di contattarle tutte in ordine alfabetico, ma poi mi è caduto l'occhio sul suo nome. Tallulah! Credo di non averlo mai sentito prima. Tallulah. È straniero, sì? Forse arabo? Insomma, lei è la prima. Se non potrà aiutarmi passerò agli altri nomi dell'elenco."

"No, è un nome americano."

"Ma con l'autobus, però. La salita da Fitch Drive mi ha ucciso!"

Pensò: "È un matto, o almeno uno sciroccato; e se diventa manesco?" Ma disse: "Prima che lei mi esponga il suo caso, devo informarla che le chiederò cento dollari all'ora. Spese e tasse escluse, si capisce."

Lo strano individuo, che non aveva cessato mai di sudare, si guardò ai lati. Di nuovo sottovoce, spiegò: "Ecco, credo che mia madre mi stia cercando."

"Non ho capito. Sua madre?"

"Si, signora. Il fatto è che da tre giorni e dieci ore, circa, sono scappato di casa. Sarebbe una storia troppo lunga. Ero arrabbiato, sa? Ma ieri non ho resistito alla nostalgia e sono tornato. Ed ecco la cosa strana: ho trovato la casa vuota!"

"Senta, non ho capito un'acca. Parla sul serio?"

"Una spiegazione c'è. Probabilmente la poveretta, vedendo che non tornavo, sarà andata a cercarmi in giro per Los Angeles. Sì, come trovare un ago in un pagliaio! Io credo che si sia rivolta a un investigatore privato per scovarmi. Per forza, deve averlo fatto, è logico. Allora, lei ha per caso una cliente di nome Marlene Bogart, persona distinta, capelli sempre in ordine, che cerca suo figlio?"

Era affascinata. "No, mi pare di no," rispose.

Strugatsky si alzò. "In tal caso, mi scusi ma devo provare dagli altri suoi colleghi." Cavò dalla tasca un foglio gualcito, lo spiegò sulla mano. "Però stavolta seguirò l'ordine alfabetico. Sa mica dove posso trovare l'agenzia di investigazioni Aberdeen?"

"No, no, aspetti. Così non riuscirà mai nel suo intento. Ragioniamo."

"Non posso nemmeno pensare a quanto sarà in ansia quella povera donna!"

"Infatti, è quel che dico anch'io. Si sieda, si sieda. Vuole una sigaretta? No, eh? Mi stia a sentire, signor Strugatsky..."

"Oh, mi chiami Joseph."

"Joseph, le faccio una proposta. Non si metta a girare tutta Los Angeles, lasci perdere i miei colleghi. Li conosco, quelli: riuscirebbero solo a spillarle quattrini. Cerchiamola insieme, sua madre, vuole? Così la troverà molto prima."

Ancora molto sudato, la guardò. "Ma lo sa che non osavo chiederglielo?"

"Ha capito, vero, che le costerà cento dollari all'ora? Più le spese, è normale."

Alle ore undici passate, il tizio sovrappeso con problemi di sudorazione di nome Joseph Strugatsky stava ancora raccontando a Tallulah di come avesse sempre vissuto più che altro confinato nella villa materna, con pochi o nulli rapporti sociali, essendo la madre molto benestante e protettiva.

"A parte la scuola, signora, non è che io facessi molta vita fuori casa. Ma lo sa che mia madre mi permetteva di andare in sala giochi solo una volta la settimana?"

"Santo Dio," pensò Tallulah. "Ma quanti anni ha, mi scusi?"

"Ne faccio trentadue a giugno."

Allo sguardo indescrivibile di lei, Joseph continuò. Non aveva mai conosciuto il padre. Si era sempre domandato perché la madre, ricca di famiglia, dovesse incontrare personaggi dall'accento straniero, forse latinoamericani, con una certa regolarità. Ma questo era un dettaglio che di certo non poteva essere d'aiuto nella ricerca.

"Tutto mi può essere d'aiuto, signor Joseph."

Durante quei tre giorni o poco più di fuga aveva vissuto in luoghi fantastici e meravigliosi, luoghi di cui non aveva mai lontanamente immaginato l'esistenza. Il Pussy Gang, per esempio, con spettacolo di *lap dance* tutti i pomeriggi fino alle nove e lotta nel fango di amazzoni nude dalle undici alle tre del mattino. Il denaro, come si è visto all'imboccatura dello zaino, non era stato un problema. O il Dante's Hell, in cui si poteva spiare da piccoli oblò fucsia un contorcimento femminile dopo l'altro, mattina e pomeriggio. Come avesse potuto sopravvivere a Los Angeles per tre giorni, non dico un allocco di quella risma, bensì uno zainetto con quel contenuto, era un mistero insondabile persino per una donna come Tallulah Williams. È da dire che della cifra originaria, circa ottantaseimila dollari, una buona metà aveva preso il volo tra ingressi, cene, bevute, regali a false bionde sconosciute, e un altro quarto abbondante tra mance e acquisto di servizi innominabili.

"Ma questo zaino, sua madre da chi l'aveva avuto?"

"Sa che non me l'ha voluto dire? Eppure, recentemente mi sono accorto che tutte le settimane ne consegna uno identico a un tale: un messicano o qualcosa del genere. Almeno, aveva i baffi. Ma lei non mi parla mai dei suoi affari."

"Credo che sua madre la consideri una specie di bambino mal cresciuto. Senza offesa, Joseph. Se la signora sapesse quali locali lei frequenta, forse cambierebbe idea... Lo dicevo così, per dire! Santo cielo, si asciughi la faccia. Prenda un kleenex. Ecco, da bravo."

"Scusi, a momenti dimenticavo," riprese Strugatsky tra i singhiozzi, "l'altro ieri ho passato metà mattina e parte del pomeriggio in un *sex shop* chiamato Long John. Ma lo sa quanto può essere grande un..."

"Va bene! Mi sono fatta un quadro della situazione, Joseph. Per ora basta così. Sarà meglio cominciare a cercare sua madre. Mi scriva qui il suo indirizzo. Credo che la cosa si farà interessante."

In quegli esatti minuti, il cassiere del Six Flags Magic Mountain, su a Los Angeles nord, stava seguendo con l'occhio fisso le movenze lontane di Diana, venditrice di zucchero filato quando non studiava giurisprudenza. "Come?" trasalì.

"Ho detto: è sordo?"

"Chiedo scusa. Quanti biglietti?"

"Le sembro il tipo da andare sulle montagne russe?"

"Non so, signora, qui viene gente di tutti i tipi."

"No, macché," disse Marlene Bogart. "Le vorrei solo chiedere un'informazione."

24

"Badi che non può bloccarmi la fila."

"Ma se non c'è nessuno!"

"Solo perché è mezzogiorno. Ma provi a ripassare alle cinque e vedrà. Uh!"

"Ha visto per caso un ragazzino, nei giorni scorsi? Si tratta di mio figlio. È leggermente sovrappeso e risponde al nome di Joseph."

"Ma, dico, l'ha smarrito?"

"Oh, non si preoccupi, non è una cosa grave. Se l'ha visto dovrebbe ricordarlo. Ha uno zainetto rosso e argento. E poi un ragazzino che gira da solo non passa inosservato."

"Mah, detto così mi pare difficile aiutarla. Qui ne passa, di gente. Quanti anni ha suo figlio?"

"Dodici," mentì. "Ma è alto come lei, ne dimostra trentuno. Ecco, ho una foto recente."

Il cassiere fece un cenno con la testa come a rassicurare che aveva inteso, come no, e se gli fosse capitato di vedere il ragazzo avrebbe senz'altro… ma Diana scompariva dietro la macchina dello zucchero a velo e chissà quando ritornerà alla vista, maledetta vecchia che il diavolo ti porti, te, il tuo ragazzo della malora e tutti i seccatori del mondo.

Marlene Bogart proseguì il suo giro lungo le casse del parco giochi. "Eppure, qui deve essere venuto. Forse sulle montagne russe no: è solo un ragazzo, dopotutto. Ho perso tempo. Bisogna chiedere, invece, al tizio vestito da Bugs Bunny. Si addice di più al carattere del mio Joseph." Dopo avere interrogato, oltre al coniglio, un altro tizio vestito da Gatto Silvestro e un altro ancora col costume da Titti, si avviò verso il negozio di merchandising, la mano scattante a esibire, pescandola a colpo sicuro dalla borsetta, l'immagine di suo figlio, il ragazzino, con due guance azzurrine di barba e la grassa fronte sudata.

"Mi spiace, signora," disse la commessa del negozio di souvenir del Six Flags Magic Mountain, "non mi pare d'averlo veduto."

"Eppure!" pensava in continuazione Marlene Bogart anche mentre raggiungeva la fermata del torpedone di Feedmill Road, "Eppure non può essere andato che in un luogo adatto a lui, che so, un parco giochi, una gelateria. È solo un ragazzo." Quando alla sua mente si affacciava la scena dell'incontro con suo figlio, però, quello zaino pieno di soldi riempiva tutto il pensiero. Seguiva invariabilmente la faccia di un uomo con i baffi, sicuramente messicano, insieme all'idea confusa di morte imminente, di inevitabile rovina. "Santo Dio: ottantacinquemilanovecento dollari! È solo un ragazzo", pensò di nuovo mentre il torpedone dalla Valley Line numero quaranta lentamente arrivava.

"Non lo so, Frank, guarda, proprio non lo so."

"Ma io ho bisogno di vederti, Tallulah," gracchiò il cellulare, "se non stasera dimmi tu quando!"

"Senti, adesso sto entrando in un bar, devo lavorare."

"Ma dammi una risposta, accidenti."

"Frank, devo lavorare! E va bene, stasera. Vengo io da te."

"Ah, meno male. Allora ti aspetto. Ah, Tallulah…"

Riattaccò e tuffò il cellulare nella borsetta. Ma in quel momento un pensiero (oh, no: Mike!) la colpì. Recuperò il telefono, cercò il contatto di nome Mike B. e digitò il seguente messaggio: "Scusa caro, stasera non è possibile. Emicrania. Rimandiamo a venerdì? Ti bacio."

Nel bar Lotus Lounge, un budello fetido, aleggiava più oscurità impenetrabile che penombra. La porta si aprì e si richiuse con un suono di metallo. Al capo lontano del bancone, un tizio giaceva da tempo con la testa poggiata sul braccio e il braccio posato su uno strato storico di birra, unto e briciole di arachidi o chissà cos'altro. Il barista, un piccoletto con un formidabile riporto, asciugava un bicchiere senza guardare nulla. Caputo aspettava in piedi, una piccola bottiglia nella mano. Quando vide la Williams fece un cenno. Entrambi si accomodarono a un tavolino minuscolo contro la parete.

"Come va, Tallulah?"

"Guarda che sono di fretta, ho anche lasciato il cliente in macchina. Allora?"

John Caputo era un investigatore senza arte né speranza; la Williams lo usava per piccoli lavori di pedinamento o di raccolta informazioni.

"Dopo la tua chiamata ho subito messo in moto le mie pedine. Non mi ci è voluto molto per scoprire chi è Marlene Bogart. Accidenti! Non c'è pusher che non la conosca. Non per niente ha una bella villa a Beverly Hills. Tra parentesi, non credo che questo sia il suo vero nome. Gli spacciatori la chiamano 'la Magnum'. Senti, Tallulah, guarda che sono al verde. Hai qualcosa per me?"

"Ti ho detto che ti pago, no? Ma in che giro è questa Magnum?"

"Nel giro grosso. Ti dice niente Carlito Lindo?"

"Addirittura?"

Caputo ruotò uno sguardo perimetrale e proseguì: "Come abbia fatto a entrare nel mercato che conta nessuno lo sa. Certo è che si rifornisce direttamente dai messicani. Questa informazione varrà bene cento dollari, o no?"

"Dai, Caputo. Sei stato a casa sua?"

"Sì, come mi hai detto. Cioè, ho mandato due ragazzi, e non ci crederai…"

"Vai avanti. Sì, avrai i cento dollari! Vai avanti."

"Ci sono uomini di Carlito Lindo tutto intorno. Oh, li ha mimetizzati bene, ma i miei ragazzi sono svegli. Non vorrei essere nei panni della Magnum. Quando Carlito Lindo ti cerca e manda qualcuno ad aspettarti a casa, non è un buon segno. E non mi meraviglia, dato quello che ho scoperto."

"Mi dici tutto in un colpo o mi procuro un paio di pinze? Vai avanti, Caputo."

Un fragore provenne dall'entrata. Sembrava che un camion dell'immondizia avesse d'improvviso scaricato tutto il contenuto attraverso la porta del bar. Tallulah aveva lasciato la Beretta nel cruscotto; per istinto di mestiere, appena balzata in piedi saettò gli occhi a cercare una via di fuga nel buio oleoso che circondava la porta della latrina e la finestrella semiaperta sul vicolo. Poi uno sguardo bastò a capire. Sul pavimento, sopra un povero espositore di caramelle e cioccolatini al rum, con le ginocchia circondate da una distesa di mentine, otto confezioni di chewing-gum sfusi disseminati sulle spalle e attraverso il bar per quant'era lungo, tentava di rialzarsi Joseph Strugatsky.

"Non le avevo detto di restare in macchina? Santo Dio, ma cos'ha combinato? Si alzi, su."

Il barista non aveva detto una parola. Ostentava una faccia accigliata e due mani bloccate a metà dell'asciugatura del bicchiere. Non dico niente, pareva dire, so trattenermi. Ma presagiva che a mettere le mani addosso a quel tizio non ne sarebbe venuto niente di buono: quei due parevano essere suoi amici. Una zuffa tre contro uno, figuriamoci! La faccia immobile basterà, pensava quindi il piccoletto dietro il bancone, chissà quanto ci vorrà adesso a tirare su tutto, tra un'ora dovevo staccare e andare al bowling e invece. Alla fine disse una parola solitaria, apparentemente rivolto a nessuno. "Hey!"

"Chiedo scusa. Chiedo scusa a tutti," diceva Joseph durante i suoi tentativi di rialzarsi, sforzi vani a motivo delle mentine insidiose sul pavimento.

"Ecco, questo è il mio cliente," spiegò la Williams al suo informatore. "Comunque tu avevi finito, o no?"

"No, cara," rispose Caputo, "mancava solo un dettaglio." Essendosi infine rialzato, Joseph si avvicinava miseramente, lo sguardo supplice in direzione del barista, il quale era una sfinge. Caputo abbassò la voce e le si avvicinò all'orecchio: "L'ultima cosa è questa. Venerdì scorso, la Magnum doveva pagare a Carlito Lindo una certa grossa fornitura. Era sempre stata puntuale e lui si fidava discretamente. Ma da quel giorno è sparita, probabilmente col grano. Capisci perché Carlito Lindo la cerca?"

Tallulah non gli rivelò che quel grano era seminato per tutti i bordelli di Los Angeles, e quel che ne restava in uno zainetto chiuso a chiave nel suo ufficio. "Va bene, per ora hai fatto un buon lavoro. Ci sentiamo." Ma il suo cellulare annunciava un messaggio. Senza dubbio doveva essere Mike.

"Come, ci sentiamo? E i miei cento dollari?"

"Tu continua a sorvegliare la villa e tienimi informata. Ti darò tutto alla fine. Venga, Joseph, andiamo."

"Dove?" disse il bamboccio dopo un ultimo sguardo alla sfinge.

Lungo il Santa Monica Boulevard splendeva ancora un sole invernale e il solito traffico costringeva Tallulah a guidare lentamente. Con gli occhiali da sole, pensava agli elementi del problema senza riuscire a mettere a fuoco l'insieme. Ogni tanto voltava la testa verso il ragazzino di trentuno anni seduto al suo fianco, che ammirava il panorama come se non avesse mai visto un semaforo, una Buick azzurro metallizzato, un tizio che beve da un sacchetto di carta. Si ricordò del cellulare: il messaggio di Mike era un secco "Ok."

Una delle cose che Tallulah detestava erano le serate solitarie. Chi l'avrebbe mai pensato, a giudicare dai Frank, dai Mike e dai Joe e Arthur e Oliver? A giudicare dalla noia che essa metteva in ogni no telefonico, in ogni negligente rinvio, nel distacco misterioso dei suoi "vedremo"? Era capace di ottenere un incontro impossibile facendolo sembrare un regalo; e subito desiderava un contrattempo benedetto a sgomberarle di nuovo il futuro vicino, a liberarglielo dai campanelli che suonano alle nove, dalle voci altrui, dalla insopportabile fatica della recitazione. Con un certo fastidio rispondeva ai messaggi, alle telefonate, diceva sì, va bene, incontriamoci, se proprio insisti. Si ritrovava ad annullare poi controvoglia (per quale motivo?) incontri già sanciti; a fermare gli occhi ogni due pagine di un libro di Dostoevskij, a metà serata, da sola sul divano, sbirciando sul cellulare se per caso… Ma ormai, a quelle ore, nessuno le scriveva più. Era una fortuna che ci fosse il lavoro, come un pozzo stretto per gettarci dentro i pensieri. I quali, essendo insondabili affatto nelle loro contraddizioni assurde, a seguirne il filo generavano altri pensieri e da questi altri ancora, da togliere il sonno.

Mentre salivano con l'ascensore, Joseph le disse: "La ringrazio per il frullato. La prossima volta però pago io. Lo sa, che posso permettermelo. Ho ancora quasi diciannovemila dollari, li ho contati. Non ci crede?"

"Sì, sì, lasci perdere. Adesso il nostro problema è trovare sua madre prima di Carlito Lindo." Entrarono in ufficio e subito Joseph si lasciò cadere sul divanetto.

"Ma io so dov'è!"

"Certo, come no. E dove? Sentiamo."

"Be', mi sta cercando, ecco dov'è."

"Lei o il suo zainetto? Però ha ragione, Joseph. Noi possediamo un'informazione che Carlito Lindo non ha, cioè che la signora sta cercando qualcosa. Mi resta da capire dove la stia cercando."

"Chi è Carlito Lindo?"

"Di questo non si preoccupi, è una cosa mia."

"Le ho detto dove sono stato in questi giorni, potremmo andare a chiedere se è passata di là. Oddio, non credo che mia madre frequenti certi posti! Ma lo sa che ho visto un sacco di donne nude?"

"Guardi che io devo lavorare adesso, Joseph. Poi uscirò e sarà meglio che stavolta lei rimanga in ufficio."

"Che peccato! Ma lo sa che mi sono divertito tanto ad accompagnarla?"

"Non possiamo combinare altri disastri come con quelle caramelle, eh, Joseph? Non so se avrò il coraggio di entrare ancora in quel bar. Non che sia un posto adatto a una signora, si capisce."

Alle sei del pomeriggio la Ford di Tallulah si dirigeva verso nord lungo Glendale Avenue. Sul sedile di destra, alcuni fogli stampati a colori recavano l'immagine di un oggetto rosso e argento: lo zainetto di Joseph. L'idea di fotografarlo le era venuta osservando il pomeriggio d'inverno dall'ufficio al quinto piano. Il cliente stava armeggiando da molti minuti con la macchina del caffè arrecandole danni irreparabili, mentre il cielo sopra l'oceano sembrava una gigantesca albicocca e appariva rigato dagli aerei per il Giappone, per l'Australia, di ritorno da Taiwan. In quel preciso istante Tallulah aveva capito come prendere all'amo la signora Marlene Bogart, in arte Magnum. Così aveva tirato fuori lo zaino dalla cassaforte e l'aveva fotografato. Dopo avere caricato la foto sul computer, con un programma di grafica vi aveva scritto sotto le seguenti parole:

Al bar di fronte all'ex scuola media di J.

Ne aveva stampato trenta copie, di cui la maggior parte aveva consegnato a Caputo con l'ordine di affiggerne una in ogni parco per bambini, sala giochi, ristorante o gelateria a tema di Los Angeles. Lei stessa si stava dirigendo al Jewel City Bowl, su vicino al Griffith Park, per affiggere l'ultima sulla porta d'ingresso. Sì perché, se la Magnum stava cercando un bimbetto lagnoso, difficilmente l'avrebbe cercato al Pussy Gang. In una gelateria, piuttosto. Era una mossa ambiziosa e forse avventata. C'era la possibilità che un uomo di Carlito Lindo, o forse lui in persona, vista l'immagine e riconosciuto l'oggetto, mandasse sicari davanti a ogni scuola media della città. Ma che personaggi dell'ambiente dello spaccio pesante frequentassero parchi giochi per bambini non era, dopotutto, che una possibilità remota. E con tali indicazioni stradali, nessuno che non fosse la madre di Joseph poteva davvero presentarsi all'appuntamento. Ora si trattava per la Williams di ritornare all'ufficio (ove Joseph Strugatsky, controvoglia, languiva chiuso a chiave da tre ore), fare una doccia, recarsi vicino al famoso bar e aspettare, l'oscurità di qualche spigolo a proteggerla dagli sguardi.

Aveva percorso forse mezzo miglio dopo la partenza dal 'Jewel' che, divenuto verde il semaforo con la Colorado, la Mercedes davanti non ripartì. Anzi ingranò la marcia indietro toccando leggermente il paraurti di Tallulah. Lei stette per un istante col respiro sospeso, si scosse con l'idea che qualcosa non quadrava, quindi voltò testa e braccio per indietreggiare. Ma la manovra non riuscì, dato che l'auto subito dietro di lei era avanzata fino a toccare la sua carrozzeria. Stretta tra due paraurti, ogni manovra divenuta impossibile, resasi conto che tutto stava accadendo in pochi dilatati secondi, pensò di prendere la Beretta dal cruscotto ma l'azione fu troppo lontana dal pensiero. La portiera alla sua destra si aprì repentinamente, un guizzo di metallo balenò, c'era un uomo armato sul sedile del passeggero.

"Stai calma. Parti e segui la Mercedes."

Infatti l'auto davanti a lei si era messa in marcia. Tallulah la seguì, gettando veloci sguardi alla pistola, alla strada, al tizio dalla pelle olivastra e il codino nero. Procedette a bassa velocità fino quasi alla Chestnut, quando le fu ordinato di accostare in un parcheggio davanti a una pasticceria.

Dalla Mercedes scese prima un tizio con la pistola nella mano, guardando in ogni direzione, quindi un altro dall'elegante vestito chiaro. Questi aprì la portiera posteriore della Ford di Tallulah e si accomodò. Aveva tratti da messicano, due baffi d'ordinanza, sguardo sottile. Il cuore di Tallulah, che già marciava speditamente, ebbe un sobbalzo quando di colpo capì chi le era appena salito in macchina. L'uomo col codino, sul sedile di destra, aveva ancora la pistola pronta e lo sguardo puntato.

"Buonasera," disse Carlito Lindo. Tallulah non rispose. Si sforzava di pensare velocemente ma una sola idea le balenava: adesso mi ammazzano.

"Credo che lei sappia chi sono io," riprese il messicano. "Verrò subito al punto. Sto cercando una persona per ragioni molto private. Ho saputo che anche lei la sta cercando. Eh, i tossici del signor Caputo non sono affidabili, si lasciano sempre comprare per pochi dollari. Lei dovrebbe utilizzare collaboratori più professionali, questo glielo consiglio da amico. Adesso, per favore, vorrebbe dirmi per quale ragione lei è sulle tracce della signora Bogart? Guardi che è una domanda amichevole e cortese." Parlava con un leggero sorriso, a volte guardandosi intorno: non come chi abbia timore o sospetti ma come chi stia facendo una passeggiata di domenica.

Tallulah vedeva poco più avanti la Mercedes ferma sul ciglio e il tizio armato accanto. "È venuto da me un tale," rispose alla fine, "un bamboccione. Mi ha chiesto di ritrovare sua madre. Tutto qua."

"Ma lei, signora Williams, di solito si occupa di ben altri casi, di ben altri clienti. La conoscono in molti a Hollywood. E adesso: un bamboccione? Lo ha chiamato così, no? Mi scusi la critica amichevole, ma lei non dovrebbe abbassarsi. Come mai questo calo di livello?"

"Guardi, non lo so, mi ha fatto pena. Non è in grado di sopravvivere a Los Angeles. Ho pensato di aiutarlo, ecco tutto."

Carlito Lindo sembrava interessatissimo al volo di due gabbiani lontani. "Le ha mica accennato a uno zaino? O, alle volte, le ha mica parlato di denaro? Così, amichevolmente."

"No, questo no. Denaro, magari! Non so nemmeno se potrà pagarmi."

Il messicano ficcò gli occhi nei suoi. "Va bene, speriamo che sia così. Ma sappia, signora, che io la tengo d'occhio. Mi dispiace per lei e per il suo cliente, ma quella donna serve più a me che a voi. Così, per tutto il tempo che lei seguirà questo caso, io resterò in contatto con lei, nei modi che riterrò opportuni. Arrivederci."

Disceso che fu sul marciapiede, si accostò al finestrino abbassato. "Faccia in modo che la nostra prossima conversazione, se mai avrà luogo, sia ancora così amichevole." Senza rispondere, la Williams ebbe l'istinto di voltare la testa. Ma l'uomo col codino era sceso lui pure, avviandosi alla Mercedes. La quale in pochi istanti fu perduta nel traffico di Glendale Avenue sotto forma di una luce rossa posteriore evanescente alla prima svolta.

Sarebbe stato il caso di fare due passi per scacciare quella claustrofobica sensazione di arsura e mancanza d'aria, di petto pesante. Solo che le ginocchia non erano pronte a emergere dalla Ford e rizzarsi: Tallulah le sentiva incerte persino sui pedali. Se cambiassi mestiere, le venne da pensare, potrei rinunciare alle pastiglie per lo stomaco; ma cos'altro potrei fare? Come per un riflesso condizionato, il pensiero delle pastiglie accese quel dolorino che l'ulcera ogni tanto le offriva.

Finalmente un'immagine la colpì. Sulla vetrina del negozio di torte e dolciumi Karina's Cake House, davanti alla quale era stata costretta a parcheggiare, si vedeva benissimo, perfino dalla strada, il foglio a colori che lei stessa aveva attaccato con il nastro adesivo un'ora prima, con la nitida fotografia di uno zaino colorato. Era un miracolo che Carlito Lindo non avesse guardato distrattamente quella vetrina. Un piccolo suono annunciò un messaggio sul cellulare. La fitta dolorosa che forse traeva la causa dall'ulcera si acutizzò, attraverso gli occhi, giù giù fino all'alto ventre.

"Oh, finalmente!" esclamò Joseph quando la vide entrare in ufficio. "Pensavo che non arrivasse più! Ma lo sa che esistono dei siti internet pieni di donne nude?"

"Vedo che ha usato il mio computer. Va bene. Ha telefonato qualcuno?"

"Solo tre volte. Ho una fame da lupi, sa?"

"E chi era?"

"Mi andrebbe una pizza. A lei va una pizza?"

"Ha ragione, Joseph, lei non mangia da oggi, e sono le nove. Guardi, se scende al piano terra c'è un ristorante italiano. Io intanto la aspetto qui. Ho bisogno di una doccia."

Mentre il ragazzo apriva la porta per uscire, Tallulah si ricordò: "Scusi, non mi ha detto chi è che ha telefonato oggi."

"Oh, nulla, erano sempre delle compagnie telefoniche. Mi hanno chiesto tutte se ero interessato a cambiare gestore. Ovviamente ho detto sempre di sì. Ho fatto male?" Così rispose Joseph S. prima di fare strazio del ficus sul pianerottolo. Poi le porte dell'ascensore si chiusero su di lui.

Morire non sarebbe affatto una buona idea, pensava Tallulah sotto il getto dell'acqua bollente nel bagno del suo ufficio di Sycamore Avenue, Hollywood, ho ancora molte cose da fare. Se mollo il cretino e tengo i soldi, e Carlito Lindo lo viene a sapere? Se poi mollo il cretino con tutti i soldi ho solo perso tempo, non se ne parla nemmeno; sono quasi diciannovemila dollari. E se sparisco per un po'? Con tutto quel grano posso farmi un mese a Malindi, altre tre o quattro settimane posso restare da Linda a New York: non rifiuterà ospitalità a sua sorella. Anche se non la chiamo da un anno, ma non è colpa mia se non ne ho voglia. Questo sapone alla menta piperita piaceva molto a Frank, quando... Frank! Ah, se potessi disdire l'appuntamento di stasera con un messaggio e basta! Un sogno fatto di tacita comprensione, silenzio, oblio. Invece no: lui protesterà, chiederà come mai, mi spiace, ci sono rimasto male, ultimamente mi dai sempre buca, mi sono stancato. Mi sono stancata.

Uscì dal box, si asciugò la punta delle dita e scrisse a Frank: "Scusa caro, stasera non è possibile. Emicrania. Rimandiamo a venerdì? Ti bacio." Fece poi il numero di Caputo.

"Pronto."

"Fenomeno, vai al diavolo tu e i tuoi informatori."

Caputo si allarmò. "Cosa? Perché? Non dirmi che non mi paghi!"

"Perché quelli si venderebbero la madre per una dose, ecco perché. Infatti hanno venduto te, stavolta."

"Guarda, Tallulah...!"

"Stai zitto! Ascoltami, togli subito i tuoi guardiani strafatti dal posto che sai. Questo è un lavoro che farò io personalmente."

"Bene. Calma. Ti propongo di parlarne come due professionisti dovrebbero fare. Pronto?"

Ma il telefono non rispondeva più, fece too too per alcuni secondi prima di abbandonare Caputo alla sua disperazione. E i suoi cento dollari, ora? Cosa avrebbe detto all'allibratore? Dove li avrebbe trovati adesso, dove?

La scuola media El Rodeo, distinta tradizione e retta rispettabile, sorge sull'altura che domina il prestigioso Country Club: due ettari di prati e boschetti nel corpo della città. Lo sguardo corre inevitabilmente, insieme al Santa Monica Boulevard, corre a rotta di collo verso la massa luminescente dell'oceano. Il quale oceano pare di plastica, invece riceve da Los Angeles, come solo un organismo vivente anzi una persona potrebbe ricevere, scarichi fognari e lattine di birra e crema solare e gasolio in proporzione variabile con la stagione. Ma dal tetto dell'istituto El Rodeo la città fa pensare a un giocattolo avvolto nella carta plastificata celeste, con potenti e quasi dolorosi lucori argentati. Da lassù non si avverte una specie di silenzio, ma un sommesso muggito che gli somiglia molto. Tutto questo non poteva vedere Tallu-

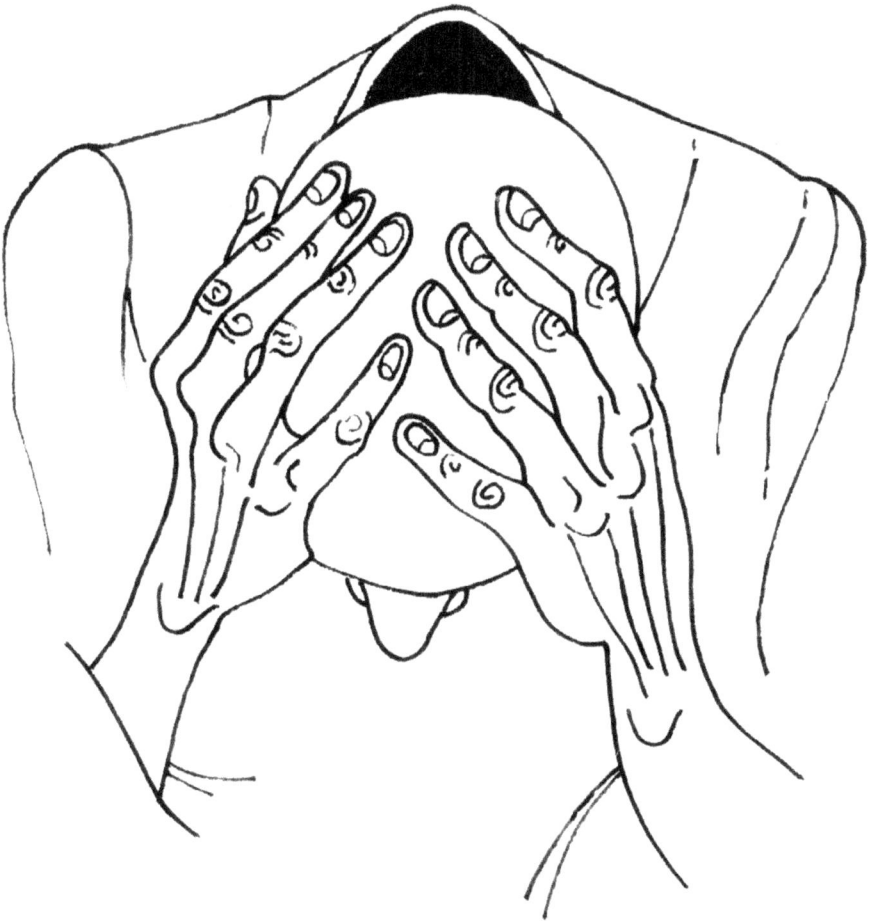

lah, innanzitutto perché si trovava a livello del suolo, tra le due sponde folli del Santa Monica Boulevard (negozi aperti tutta la notte, inconfondibili turisti canadesi, il giallo fiammante che spicca tra le vetrine, meglio non chiedersi cosa stia consegnando il tizio con la cresta colorata all'altro con gli anelli), da Hollywood giù verso la San Diego. Poi perché di notte l'oceano è nero, la città quasi bianca e il cielo invisibile tra i due. Non era stato facile convincere Joseph a rimanere da solo in ufficio. Si sarebbe consolato danneggiando qualche altra apparecchiatura elettronica oppure rompendo il vaso cinese superstite.

Il bar più vicino all'istituto El Rodeo, trascurando l'inaccessibile Hilton, è un anonimo Beverly Hills Color Bar. Non proprio di fronte alla scuola, e questo poteva creare incomprensioni. La speranza era che la Bogart non sottilizzasse troppo e cercasse nei paraggi dell'*ex scuola media di J.*, come i manifestini recitavano. Ma le ore passarono mentre Tallulah si trastullava con un pensiero, in piedi dall'altra parte della strada: come la riconoscerò? Verso le due rinunciò all'attesa scoprendo, al rientro, che Joseph dormiva vestito chissà da quante ore sul divano, le braccia a coprire la testa come un bambino di centoventi chili. Lo chiuse dentro a chiave e andò a casa per riposare qualche ora.

La mattina seguente arrivò in ufficio che non erano le otto. Liberò dalla cattività il cliente e gli indicò una caffetteria all'angolo per fare colazione. Ma Joseph era inquieto.

"Come mai non l'ha ancora trovata, signora Williams?"

"Ho fatto del mio meglio, ieri, ed è stata una giornata fin troppo intensa. Vedrà che oggi la troverò."

"Ma i manifestini? Li ha affissi, i manifestini?"

"Vada a fare colazione, Joseph, non si preoccupi. Poi torni in ufficio. Mi aspetterà qui."

"Prima di andare, le dico una cosa. Guardi che si è rotto un vaso. Mi deve scusare, l'ho appena sfiorato. Ma lo sa che era fragilissimo? È andato in cento pezzi! Valeva molti soldi?"

"Ripensandoci, perché non va a fare un bel giro? Arrivi alla fine di Sycamore Avenue e prenda a sinistra. La collina è piena di begli alberi, c'è qualche sentiero che la porterà in cima. Si goda il panorama. Ecco qui cinquanta dollari, dovrebbero bastare: non ci sono club con spettacolo di *strip tease* in Sycamore

Avenue. Per qualsiasi cosa, ha il mio numero." Uscito Joseph, Tallulah controllò in cassaforte. Lo zaino c'era ancora. Scese, mise in moto la Ford e si infilò nel traffico verso Beverly Hills. Dovette inforcare gli occhiali a difesa dalle vetrine e dalle finestre, sulle quali scattava il sole basso del mattino. Un paio di volte le parve di scorgere tra i passanti dallo sguardo dritto una faccia conosciuta. Il riverbero intravisto poteva essere la fronte di Joseph Strugatsky, scintillante di perline di sudore perfino a quella distanza? E la macchia rossa e argento, subito scomparsa, assomigliava allo zaino che ora giaceva nella cassaforte del suo ufficio. O forse no? Non è possibile, pensò, il denaro è al sicuro e lui è lontano, che vaga per i vialetti sulla collina. Però con il piede, dimenticando la consueta prudenza, accelerò nel traffico.

Circa due ore dopo, veniva su dalla Durant Drive lungo il Charleville Boulevard una signora di mezza età che poteva essere uscita da poco dal parrucchiere, con una grande borsa al lato sinistro. Tra il suo naso e il labbro superiore si stendeva una regione che, come le Hollywood Hills, non era del tutto brulla. Che quei baffi non facessero proprio pensare all'attore Tom Selleck era dettaglio di importanza secondaria, almeno per chi aveva avuto tanto spirito da soprannominarla Magnum. Ricordava benissimo la scuola media di Joseph, ottimo istituto. Quanto tempo era passato? Sei mesi, due anni, venti? Se non altro aveva avuto un'educazione di prim'ordine, almeno lui. Era possibile che il manifestino fosse un'idea di Carlito Lindo, che la morte fosse quindi ineluttabile. Eppure, un pensiero guidava i piedi di Marlene verso il Santa Monica Boulevard, le faceva sporgere il naso oltre l'angolo, indagare con certi sguardi puntuti lungo le sue rive: solo Joseph poteva dare un'indicazione simile, solo lui che aveva frequentato l'istituto El Rodeo, solo quell'idiota di Joseph, bambino mal cresciuto, mio più grande errore. Un secondo pensiero si affacciò, quello di un piccolo bar dove Joseph amava bere cappuccino italiano, restandone poi macchiato di schiuma in più punti per quasi tutta la giornata. Il Beverly Hills Color Bar non era quasi cambiato da allora. Aria tenera da locale diurno, innocua frequentazione, vetrina di paste. La barista aveva un piccolo oggetto d'argento imbullonato al sopracciglio, segno di trasgressione così raro sul suo corpo da essere quasi commovente. Dopo un'ultima inutile indagine al viale fin dove poteva arrivare la sua vista, Marlene Bogart stava per aprire la porta del tutto per introdursi nel locale. Ma, tre o quattro istanti prima, la vetrina a specchio le aveva allucinato una figura di donna sull'altro lato del Boulevard, un po' in ombra, con due occhi che certo scrutavano da dietro quegli occhiali da sole. Marlene si fermò affondando una mano nella borsetta (come chi all'improvviso, santo cielo!, crede di aver dimenticato il borsellino a casa), nella borsetta a tastare la canna della pistola lucida.

Tallulah Williams era arrivata da un'ora abbondante, più con quest'ansia di voltarsi e trovarsi alle calcagna Joseph, che di incontrarne la madre. Vide la signora infine, e doveva proprio essere lei, avanzare come una spia lungo il marciapiede. Ma perché ora rinculava verso le auto parcheggiate? Tallulah attraversò la strada a monte del Color Bar e prese a discendere il Santa Monica. La donna davanti al bar ostentava ancora di rovistare nell'incolpevole borsa. Passandole vicino disse, a voce bassa ma chiara: "Joseph."

"E adesso?" pensò Marlene Bogart sentendo quella parola. Vista da dietro, la donna che le era sfilata accanto bisbigliando il nome di suo figlio non pareva micidiale, essendo vestita e profumata con buon gusto. Con Carlito Lindo non si poteva mai sapere, ma probabilmente non era uomo da rischiare spropositi in luogo così affollato. Non le rimase che seguire non troppo da presso la donna finché non la vide prendere posto su una panchina. Dopo un attimo di esitazione, si sedette al capo più lontano.

Né Tallulah né Marlene notarono il panorama che quel punto privilegiato di Los Angeles dispensava. A cercare un varco tra i sicomori e le siepi di lauro del Country Club, gli sguardi potevano poi scivolare fino ai riflessi oltre la costa, il molo delle barche, la pista ciclabile affollata, il lungomare giù in fondo; luoghi, questi, che non potevano essere visti da lì, ma solo modellati coi pensieri partendo da quei riflessi così decisi tra le foglie dei sempreverde.

"Guardi che," volle dire la signora Bogart, in arte Magnum, ma al primo colpo la voce non venne. "Guardi che non ho il denaro con me. Se mi ammazza non saprà mai dove si trova." Ecco, la partenza segnava un punto in suo favore. L'argomento era solido.

Era da immaginare, pensava Tallulah, che la dama baffuta la credesse una tirapiedi di Carlito Lindo. Non poté resistere a una piccola crudeltà: "Ma io so benissimo dov'è quello zainetto," rispose. "Nella mia cassaforte. Me l'ha consegnato Joseph."

Marlene si vide morta, il suo corpo supino in un vicolo, accanto ai bidoni, un po' di sangue sul selciato sporco, con una nitidezza di dettagli da lasciare sbalorditi. Disse: "Se Carlito ha il denaro, cosa vuole? C'è molta gente a quest'ora, per sparare a qualcuno. Non è da lui."

"Non lavoro per Carlito Lindo," e Tallulah si voltò finalmente a scrutare un barlume poco convinto di sorpresa. La dama era sicuramente armata e credeva di essere spacciata; ad innervosirla o a farla troppo lunga non ne poteva venire nulla di buono. "Ho detto che Joseph mi ha dato uno zainetto," continuò la Williams, "non ho detto che dentro c'era del denaro. Se vuole glielo dico, dove sono tutti quei soldi."

La pettinatura di Marlene parve afflosciarsi. Forse era peggio ancora, sapere che la donna non lavorava per il messicano. Il dubbio forte, l'inquietudine, l'oscurità che provenivano da quella sconosciuta le toglievano quasi tutto il residuo equilibrio. "Ma cosa vuole da me? Me lo dica e ci metteremo d'accordo."

"Ha presente un locale che si chiama Dante's Hell? Il Nina's Quilt Barn? No, eh? Il Pussy Gang? Nemmeno a parlarne, vero? È lì che il suo caro Joseph ha fatto fuori tutto il grano. Vedo che è sorpresa. Oh, essendo così imbranato ci ha messo quasi tre giorni pieni, ma ce l'ha fatta. Gli sono rimasti sì e no mille dollari, che terrò io a parziale risarcimento."

Marlene si domandò se credere o no. Dopotutto era possibile. O no? "Pussy…?"

"Cosa credeva, che suo figlio fosse davvero un adolescente grosso come un leone marino? Dove pensava che si nascondesse, per tutto quel tempo? Nei parchi giochi, nelle gelaterie? Certo. È lì che ha visto il mio messaggio, vero?"

Recuperando parte del sangue freddo, la Bogart decise che doveva provare a non subire quell'interrogatorio. "Basta. Cosa vuole per non vendermi a Carlito Lindo?"

"Come prima cosa voglio che lei tolga la mano da quella borsetta. Non è il momento di incipriarsi il naso. Inoltre sarebbe spiacevole se io estraessi prima di lei. Ecco, brava. In cambio, come vede, io tolgo la mano dalla tasca della giacca. La seconda cosa è più difficile a farsi: lei deve riprendersi Joseph."

"Devo riprendermelo?"

"Guardi che so benissimo che lei sta per sparire. Un mio amico di nome Caputo mi ha chiamato un'ora fa, dicendomi di un biglietto aereo che lei avrebbe comprato su internet. Ne compri un altro. La Tailandia piacerà anche a Joseph."

"Non se ne parla. Il mio zaino sì che l'avrei portato con me volentieri, quand'era pieno. Ma quello scocciatore! Quel grassone ritardato, oh, no! Non so che farmene!"

"Be', nemmeno io. Mi ha causato tanti di quei danni in poco più di ventiquattro ore, che mille dollari non basteranno lontanamente a coprirli. Lei è sua madre: lo sopporti lei. Se lei se ne va e lo lascia qui, si attaccherà a me come una cozza. Io ho altro da fare nella vita."

La Bogart rifletté alcuni momenti. "Come si chiama, lei, di nome?"

"Jane," disse Tallulah.

"Ascolti, Jane, quanto vuole? Mi dia quattro ore e sarò in grado di consegnarle cinquemila dollari. In cambio lei mi lascerà altre sei ore per prendere quell'aereo per la Tailandia. Joseph lo terrà lei."

Tallulah si levò gli occhiali. "Tra poco suo figlio sarà qui. No, stia calma, non si agiti. Non è ancora arrivato in zona. Ma arriverà presto. Non è uno stupido, dopotutto, e mi ha detto lui il nome della sua vecchia scuola. Appena si sarà stancato di vagare per i sentierini delle Hollywood Hills, scenderà a piedi per il Santa Monica e verrà a cercarci."

"Quanto vuole? Quanto vuole? Dica!"

"Non sia sciocca. Lei ha un aereo che la aspetta; se adesso la perdo di vista, io non la vedrò mai più. Cosa farà, un bonifico dalla Tailandia? Andiamo, dai. Non bevo balle così grosse."

Calma, pensò la Bogart. "In effetti ha ragione. Allora come si fa?"

"Guardi, io non mi terrei una palla al piede come Joseph nemmeno per cinquantamila dollari. Adesso glielo dico io, come si fa. Glielo dico subito. Dopo che gliel'avrò detto, mi alzerò di qui e camminerò fino al lungomare, forse risponderò al messaggio che mi è appena arrivato. Stasera vedrò il mio amante o farò quel diavolo che vorrò senza avere tra i piedi né lei né quel grassone sudato di suo figlio."

Marlene deglutì e si lisciò la permanente. La brezza dal mare rischiava di vanificare due ore di parrucchiere. "Vada avanti."

"Lei aspetterà qui Joseph. Vedrà che verrà. Prenderete un taxi per l'aeroporto, dove comprerà un altro biglietto per lui. Carlito Lindo non saprà mai nulla e potrete stare tranquilli. Ma se lei prova a fregarmi! Se all'ultimo cambia destinazione lo scoprirò proprio come ho saputo della Tailandia, anche se non userà il suo nome. E non si azzardi a scaricare Joseph. Si ricordi che lui verrebbe subito da me. Il giorno in cui succederà, signora, io diventerò un'informatrice molto loquace e lei si guardi da Carlito Lindo!" Tallulah si tolse una piega dalla gonna dopo essersi alzata in piedi e avere di nuovo inforcato gli occhiali. "O lo ammazza o lo porta con sé, signora: lei lo ha fatto e lei se lo tiene. Io non lo voglio." Con l'aria di chi non abbia altro da fare si avviò verso l'oceano che aspettava il suo sguardo. Tolse il cellulare dalla borsetta e lesse il messaggio; senza smettere di camminare diteggiò: "Frank, abbi pazienza. Avrò l'emicrania anche domani." Marlene Bogart, ancora seduta, registrò ognuno dei movimenti della mano, del braccio, dell'ombra di quella donna letale finché il suo colore non fu sciolto nella lontananza piena di uomini e tra lo scintillio delle automobili.

Dopo avere camminato per sei miglia e mezzo, avendo tentato inutili approcci agli autobus, la fronte ricoperta di piccole goccioline opalescenti, finalmente Joseph Strugatsky la scorse da lontano, quella figura così familiare da ogni angolazione, seduta ancora sulla stessa panchina, nell'atto di scrutare laggiù, con l'enorme borsetta al fianco e l'acconciatura ancora passabile, proprio vicino alla vecchia scuola, all'ombra dei sicomori e delle siepi di lauro.

Joseph pensò: "Non sono più da solo." Ma quando le fu vicino non seppe come richiamare la sua attenzione e rimase fermo, in attesa.

Prima o poi si accorgerà di me.

Lontano dalla paura

"...uomo forte e intelligente,
dimmi, che cos'è questa follia?"

Il cinghiale Miguel distese le ali e planò dolcemente, spingendo lo sguardo oltre l'orizzonte di dune rosse infuocate del deserto di Sahara; il vento tra le grandi penne gli diede un brivido di sabbia rovente. Miguel in quel momento si sentì, lui stesso, deserto di Sahara. Un istante dopo era diventato una distesa infinita di colline color del tramonto. Mosse con voluttà un'immensa duna scoprendo alla luce il letto di un fiume dimenticato; gli parve allora di conoscere intimamente ogni proprio granello di sabbia. Non era mai stato, prima, un deserto africano e la novità lo fece sorridere di gioia.

Sotto il sole del pomeriggio avanzato avvertì il formicolio di passi leggeri: prima che scendesse la notte, un geco del deserto correva sul deserto-Miguel, con due zampe alla volta, verso la tana. Il cinghiale Miguel decise allora di diventare quel geco e subito cominciò a zampettare sulle dita palmate, tra gli sbuffi di sabbia. Camminando senza meta verso il sole calante, il geco-Miguel si accorse che un tramonto non gli era mai parso bello come quello che si accendeva davanti a lui, appena sopra le dune.

Desiderare di essere il sole e diventarlo fu questione di un momento.

I pianeti con i loro satelliti! Le nebulose piatte ed evanescenti! Le stelle: nane bianche, giganti, supernove, stelle a grappoli e riunite in costellazioni, stelle luminose come spilli di luce, lucichii lontani indistinti. Tutto questo si presentò intorno al cinghiale Miguel, divenuto improvvisamente sole, così egli decise che non sarebbe mai diventato nient'altro. Essere il sole! Cosa poteva esistere di più grande e meraviglioso del sole, a parte... una galassia! Sarebbe diventato una galassia e poi...

"Miguel! Sveglia, Miguel!"

Un brusio lontano, come il rombo subsonico dei buchi neri, si fece strada nelle orecchie del cinghiale Miguel, poi arrivò al cervello e, sempre più insistente, bussò alla sua fantasia finché Miguel non si svegliò.

"Mi senti? Svegliati, sognatore!"

Il cinghiale Miguel mise a fuoco lo sguardo e disse: "Oh, sei tu, Zia. Che c'è?"

"C'è che sei di nuovo partito per uno dei tuoi viaggi, ecco che c'è," disse la Zia. "Vorrei sapere dove vai, vorrei proprio saperlo."

" Oh, Zia, non ti so spiegare! Sono stato un condor, un deserto africano, un geco, sono stato perfino il sole! Se tu avessi visto quello che ho visto io!"

"Mi piacerebbe. Magari un giorno porterai anche me, eh?"

Andava avanti ormai da molti anni. Fin da piccolo, Miguel possedeva il dono di scivolare tra il suo corpo di cinghiale e la sua fantasia, viaggiando nel tempo e nello spazio. Tutti gli altri cinghiali, e soprattutto la Zia, lo consideravano un sognatore, ma essi non avevano capito: la verità è che Miguel viaggiava davvero in groppa alla sua fantasia di cinghiale, e visitava veramente i luoghi del suo sogno ad occhi aperti.

Nei cieli immensi sopra l'oceano Atlantico, Miguel aveva davvero seguito le rotte estive delle procellarie; poi era stato oceano; sotto le distese di ghiaccio dell'Artico era stato foca leopardo dai baffi nervosi; quindi si era fatto lastra di ghiaccio lattiginosa; si era veramente lanciato, torrente gelido degli altopiani del Nepal, intorno ai sassi levigati e tra i denti degli yak assetati; aveva borbottato e fumato per giorni minacciando un'eruzione e seminando il panico tra gli uccelli delle isole del Sud; era stato uccello delle isole del Sud col terrore dei vulcani; come pulce curiosa aveva percorso veramente le distanze misteriose delle savane assolate, invisibilmente abbarbicato a un pelo di criniera di leone; era stato savana, onda, liana, corallo, pietra, pipistrello.

Lui stesso era convinto che si trattasse solo di un sogno, ma si sbagliava: Miguel era stato davvero questi luoghi e queste vite. Quando la Zia lo svegliava, di solito sul più bello, il cinghiale Miguel si guardava intorno e per un attimo faticava a credere di non essersi mai mosso dal pascolo, in cui viveva con la Zia e con gli altri quarantadue cinghiali. Ma i suoni di spari, in lontananza, confermavano sempre alla sua ragione che si trovava ancora sopra il Bosco delle Pigne dove, quasi ogni giorno, i Trucidi venivano a portare la paura. Il viaggio, pensava allora Miguel, era solo immaginario. Tutti i cinghiali del branco conoscevano Miguel e i suoi viaggi ad occhi aperti. Non sapendo in cuor loro se Miguel usciva davvero con la mente dalla sua testa di cinghiale o era solo un po' strano, erano per lo più divisi tra la compassione e l'invidia.

La Zia finì di masticare l'ultimo rimasuglio di radice dal sapore di patata, sperando che i rumori di spari rimanessero lontani. Quindi scosse la testa e lanciò al nipote uno sguardo rassegnato. Miguel lasciò che la Zia si appisolasse; poi, per sfuggire al rumore degli spari che si facevano più vicini e insistenti, cominciò a pensare a montagne di un altro continente, che non aveva mai visto.

In perfetto equilibrio sulle pietre rese viscide dalla brina del mattino, una renna dalle corna larghe era immobile sulla cresta di roccia. L'estate inoltrata aveva respinto le falde del ghiacciaio verso le cime più alte, scoprendo lembi di prato che nessuno zoccolo aveva ancora calpestato. La renna-Miguel abbracciò con lo sguardo la vallata in cui il fiume lontano era ridotto dalla distanza a una linea bianca, per poi spostare gli occhi sui boschi di larici che ornavano le pendici più basse, fino a incontrare la luce insopportabile delle nevi perenni assolate. Miguel desiderò di essere ghiacciaio: immediatamente scintillò e balenò sotto il sole vicino, nell'aria sottile. Non appena avvertì la sua pelle più esterna liquefarsi e divenire fiume, si lasciò trasportare a valle tra le radici e i muschi. Senza fermare la sua corsa verso il basso, desiderò d'essere pesce e nuotò nell'acqua trasparente, su cui le fronde dei lecci gettavano ombre, riflessi e foglie. Divenuto foglia di leccio, fu vorticosamente piroettato attraverso le rapide e gettato sui sassi grigi. Per un tempo difficile da stabilire fu un sasso di fiume. Ascoltò la carezza del vento e fu vento. Trasportò semi di frutta, impollinò girasoli, fece decollare fiori di pioppo e fece danzare rami secchi; fu ramo secco e turbinò e volò e planò portato dal vento. Poi fece in tempo soltanto a divenire profumo di fragole, quando a un tratto si svegliò.

L'odore che lo colpì, appena tornato nel suo corpo di cinghiale, fu quello dei Trucidi.

Questi erano esseri difficili da immaginare, molto più improbabili delle creature che popolavano i viaggi del cinghiale Miguel. Alti e dritti, dai colori cangianti, quasi ogni giorno i Trucidi attraversavano il Bosco delle Pigne e si spingevano fino al pascolo soprastante. Dopo avere impugnato certi bastoni neri, essi prendevano a inseguire con ferocia i cinghiali, accompagnando le loro urla con tuoni spaventosi.

Allora, senza una ragione, qualcuno dei cinghiali si colorava di rosso e stramazzava a terra con lamenti disperati, tra gli sguardi impotenti dei famigliari e degli amici. Quindi i Trucidi trascinavano via il poveretto e di lui non si sapeva più nulla. Se gli adulti, poi, vedevano i loro figli cadere e perdere la luce degli occhi, le grida di lamento della tribù diventavano quasi più alte degli scoppi e dei grugniti dei Trucidi.

Non appena Miguel si rese conto del pericolo, istintivamente raggiunse la Zia e con lei cominciò a correre verso il bosco. Dietro di loro, un Trucido che impugnava il bastone nero emetteva forti urli e grugniti. La Zia, alla sua età, non poteva più correre velocemente, così con due salti il Trucido le fu molto vicino. Tanto che lei, sentendo ormai prossima la fine, si voltò verso il mostro che la inseguiva.

Miguel sentì il respiro farsi ancora più affannoso. Tutto davanti a lui divenne rosso. Il Trucido brandiva il bastone nero verso la Zia che piangeva in silenzio. Gli altri cinghiali borbottavano e piangevano, i cuccioli correvano a nascondersi.

La mente di Miguel, allora, fece la cosa che gli riusciva meglio: cominciò a viaggiare.

Fu aquila e strinse una noce di cocco tra gli artigli; fece cadere la noce di cocco che si fracassò al suolo; fu orso polare e diede una zampata ad un iceberg; l'iceberg si spaccò; fu rinoceronte e di corsa cozzò contro una montagna; la montagna si aprì; fu capodoglio e agitò la coda sui coralli; i coralli si sbriciolarono. Stavolta il cinghiale Miguel lottò, si divincolò, sbuffò e colpì. Stavolta il sogno non fu realtà soltanto per Miguel, ma dilagò come un incendio d'estate, si espanse come l'acqua della cascata nel fiume, eruttò come lava oppressa dal peso dei millenni.

La fantasia si allargò a tal punto che il Trucido vi cadde dentro. Risucchiato di colpo nel sogno di Miguel, senza avere né il tempo né il cervello per capire, il Trucido fu noce di cocco, iceberg, montagna, corallo. Si fracassò, si spaccò, si aprì, si sbriciolò.

Il cinghiale Miguel si risvegliò di soprassalto, con un tremore nelle zampe e il naso sudato. Del Trucido restavano un berretto sbruciacchiato e uno scarpone di cuoio: tutto il resto era rimasto intrappolato nel sogno di Miguel.

"Zia!" esclamò Miguel. "Tutto bene?"

"Fammi riprendere fiato, caro," rispose la Zia ansimando. "Oh, ma cosa può essere successo? Che paura ho avuto! Prima il Trucido era lì davanti a me, poi c'è stato quel grande lampo! Ma dove sarà finito, il Trucido? Dove si è nascosto, mi chiedo! Chi ci capisce qualcosa? Eh, Miguel?"

Il cinghiale Miguel non rispose.

"Miguel!"

La Zia si guardò intorno con una smorfia esasperata. "Possibile che, anche in un momento come questo, quel cinghiale sia capace di perdersi nelle sue fantasticherie?"

"Miguel! Miguel!" gli gridò in un orecchio.

Ma il cinghiale Miguel non poteva rispondere: con il becco proteso, il vento tra le piume e le zampe penzoloni, stava migrando verso sud.

Il prete di Anghiari

"Poi batte le ali,
ogni balzo tre volte…"

20 giugno 1908

Caro Direttore,

stamattina sono arrivato ad Anghiari con il treno in perfetto orario. Il tempo è sereno ma fa meno caldo del previsto, forse per via dell'altitudine. Ho preso alloggio in un albergo di nome Ca' Matilde, che si trova a cinque minuti dal paese, dunque in posizione comoda e tranquilla. Come da accordi invierò questo primo dispaccio con il servizio postale delle 22,00 all'indirizzo diretto della redazione, così che potrai avere un resoconto completo della mia permanenza qui, subito prima di impostare l'impaginazione del giornale.

Per cominciare mi sono recato alla stazione di polizia. Il commissario, tale Tarmelli, è un uomo che ci tiene ad apparire severo, con i baffi impomatati e il vestito più stropicciato che io abbia mai visto. Quando ha saputo che ero un giornalista, si è stupito che venissi da Urbino; non si aspettava che la fama di Anghiari si fosse spinta più lontano di Arezzo o, al massimo, di Sansepolcro. Così ha insistito per raccontarmi tutta la storia nei minimi dettagli. Te la riassumo come me l'ha riferita e come la sapevamo anche noi: l'anno scorso, precisamente la notte del 23 giugno, una giovane donna di Anghiari è stata assassinata, forse a colpi di piccone. Un'altra donna era stata uccisa l'anno precedente, sempre nella stessa data e con lo stesso mezzo. Dopo molti mesi di indagini i sospetti sono caduti su un vagabondo, un pover'uomo che vive da sempre nelle vicinanze del paese, nei fienili, sotto i ponti, dove capita. Costui si dichiara innocente, ma il commissario non gli crede e l'ha arrestato in attesa del processo.

"Lei ha percorso un bel pezzo di strada," mi ha detto alla fine, "per svolgere il suo lavoro. Ma in verità non c'è molto sugo per un cronista. I fatti sono semplici e, forse, li aveva già sentiti da fonte più autorevole del sottoscritto. Evidentemente non sapete più cosa scrivere, giù a Urbino."

Mentre diceva così ho visto un sorriso (o era solo la sua ombra?) passare sotto i baffi del funzionario. Credo che sapesse perfettamente perché mi fossi scomodato per un piccolo paese arroccato su un monte.

"Signor commissario," gli ho detto, "l'ultima cosa che voglio è tenere nascoste le mie intenzioni alla polizia. Non nego che il mio giornale sia incuriosito dalle voci che circolano su questi omicidi. Forse è solo superstizione…"

"Senta un po'," mi ha interrotto, "io credevo che lei fosse un cronista di nera. Se si occupa di superstizioni poteva evitare di venire fin quassù. Ce ne sono abbastanza anche dalle vostre parti, da riempire mezzo giornale, o forse un giornale intero. Noi siamo gente semplice; contadini, operai, manovali. Gente che non ha mai vissuto da vicino fatti di sangue fino a due anni fa. È normale che due avvenimenti così drammatici, verificatisi nella stessa data per due anni di seguito, abbiano fornito più di uno spunto per chissà quante storie di spettri o di streghe o che so io. La sera, davanti al camino o seduti nella stalla, cosa vuole che si raccontino i paesani di Anghiari? Del balletto russo? Non c'è il teatro, qui. Perciò può anche tornare a Urbino e scrivere sul giornale quello che è successo."

Era un fiume in piena; ho provato a giustificarmi. "Ma io ho sentito…"

"Lei ha sentito che due donne sono morte tra il 23 e il 24 giugno. Che l'assassino è chiuso a chiave e presto sarà impiccato, se Dio vuole, e che quest'anno Anghiari può dormire tranquilla. Le consiglio di scrivere il suo pezzo, dimenticarsi questa storia e buonanotte al secchio."

"Sissignore, farò così. Ma questo vagabondo, come ha detto che si chiama?"

"Non l'ho detto. Si chiama Vanni. Soprannominato *il bestia* per via delle sue abitudini. Un uomo selvatico, un vagabondo e un criminale. Non ci perda tempo."

"E voi ritenete che sia lui l'autore degli omicidi. Perché?"

"Gliel'ho già detto. Perché è un uomo bestiale, è stato visto aggirarsi nei paraggi delle vittime prima dei fatti e ha la forza sufficiente a spaccare il cranio di una donna con una picconata, o anche con un ceffone se è per questo. Se gli è venuto il ghiribizzo di accoppare una ragazza tutte le volte che ricorre S. Giovanni, io non ho intenzione di lasciargli rompere la terza testa, e tra pochi giorni è il 23. Adesso, perché non se ne va e mi lascia lavorare?"

"Spero che non mi impedirà di fare qualche domanda in giro," ho azzardato.

E lui: "Solo se lei mi promette di considerarsi un turista che visita la nostra bella cittadina, niente più. Respiri un po' di aria sana per un paio di giorni, poi torni a casa sua. Buona permanenza e buon viaggio."

La mattina era già finita, così ho rimandato il primo giro esplorativo del paese ad altro momento. Dopo aver salutato il commissario nel modo più confacente ad una persona così gentile e disponibile, sono rientrato alla pensione per il pranzo.

Qui ho finalmente fatto conoscenza con il proprietario della pensione, un uomo di indole tanto singolare che merita una descrizione, anche se ciò non ha nessuna attinenza con le mie indagini. Ma cosa vuoi, caro Direttore, come sai sono loquace per natura; credo che non ti farà male leggere qualche mia digressione privata, anzi te ne verrà forse un po' di svago.

L'albergatore è, come ti dicevo, non poco strano. Si chiama Graziano e, al momento, non sono riuscito a conoscerne il cognome; da tutti si fa chiamare solo così. Mai come ora mi era capitato di essere in imbarazzo nello stabilire l'età di un uomo guardandolo in volto. La sua pelle è perfettamente tirata e non v'è l'ombra di una ruga, o di qualsiasi altro segno o macchia che di solito si accompagna all'accumulo di anni. Se la corporatura pesante e l'incedere strascicato non rivelassero il passaggio di dieci o undici lustri, il signor Graziano potrebbe sembrare, all'osservatore distratto, un ragazzo da poco uscito dalla pubertà. Quanto ai suoi occhi, che potrebbero dirmi molto al riguardo, li tiene sempre celati dietro un paio di grandi occhiali scuri, anche di sera.

Oggi portava una giacchetta molto corta e molto lisa. Ho avuto modo di scoprire la ragione almeno di uno dei due difetti dell'indumento: sulla schiena del signor Graziano campeggia un'enorme gobba, che lo fa somigliare di profilo a un dromedario secco e dritto. Ecco perché la sua giacchetta, dopo aver fatto lo sforzo di ricoprire questa deformità, arriva a malapena alla cintola dei pantaloni.

Credo di essere l'unico cliente della pensione dato che, almeno a tavola, ero del tutto solo. Il signor Graziano in persona mi ha servito il pranzo. Essendo quest'ultimo scarso in qualità e altrettanto soddisfacente in quantità, avevo deciso di godermelo fino al caffè prima di attaccare discorso con il mio ospite. Ma lui mi ha preceduto.

"Non si vedono molti viaggiatori, qui," ha esordito servendomi una fetta di torta in un piattino sbeccato. Per darti l'idea della sua voce, tra le più cavernose e monotone del mondo, ti dirò che persino la torta, per la noia, aveva un'evidente barba. Ho colto così l'occasione per ficcare il naso senza apparire troppo sfacciato.

"Infatti il mio non è un viaggio di piacere," gli ho risposto. "Sono qui per lavoro. Giornalista. Sa, gli omicidi avvenuti di recente."

"Giornalista," mi ha detto di rimando, come impietrito, con il tovagliolo bloccato a mezz'aria.

"Sì, siamo interessati ad ascoltare le altre versioni della faccenda. Dico, le leggende, o se preferisce le storie, che si raccontano al proposito. Lei le ha mai sentite?"

"Giornalista," ha ripetuto senza muoversi. Ti dirò, la cosa cominciava a diventare imbarazzante. Non sapevo come proseguire, quando è successo qualcosa che ti interesserà. Da un angolo buio della sala da pranzo, tanto oscuro che prima non l'avevo guardato per più di pochi secondi, è uscita all'improvviso una voce. Sembrava quella di uno che si fosse svegliato da poco, per così dire, impastata. La voce ha detto qualcosa che non ho inteso. Istintivamente ho chiesto: "Come? Chi è?"

"Il prete," ha detto la voce dal buio, stavolta in modo chiaro.

"C'è qualcuno? Mi scusi, credevo di essere solo. È che non la vedo, lì in fondo. Come diceva?"

Dall'ombra è uscito prima un gran cespuglio di capelli arruffati, bianchissimi, poi una faccia rubizza da ubriaco, come se ne vedono a volontà in tutte le taverne d'Italia e, credo, del mondo. Strisciando su una lunga panca, questo avanzo d'osteria, perché con tale aspetto si è rivelato alla luce ed al mio sguardo, si è av-

vicinato a me quanto bastava per lanciarmi uno sguardo sonno-
lento. Dall'odore che ha preceduto il mio commensale, non credo
che avesse molta familiarità con la vasca da bagno, se non piena
fino all'orlo di grappa della peggiore.

"Ah, salve," gli ho detto. Anche un ubriaco può essere una
fonte d'informazione, o almeno di divertimento, specie in un
paese come questo, che di passatempi ne offre ben pochi.

"Lei, caro amico, sa dirmi niente di questi misteriosi delitti?"
gli ho chiesto sorridendo e, per accattivarmene la simpatia, alzan-
do il bicchiere.

"Il prete!" ha esclamato con uno sguardo terribile.

"Chi? Quale prete?" ho domandato, con una vaga inquietudine.

"Il prete di Anghiari! L'assassino!" ha ruggito "Il prete di
Anghiari!"

Poi è crollato sulla panca e non si è mosso più, continuando a
bofonchiare qualcosa, probabilmente le stesse frasi che aveva appena detto.

Io sono rimasto qualche secondo a guardarlo, se devo essere
sincero con più pietà che interesse, poi mi è venuto in mente di
rivolgermi all'albergatore per chiedere spiegazioni. Chi era questo prete, e cosa c'entrava con le mie domande? Ma quando mi
sono voltato, il signor Graziano non c'era più. Ho fatto in tempo
solo a vedere l'estremità più imbarazzante della sua giacca riflet-
tersi sul vetro della porta della cucina, mentre si ritirava velocemente lasciandomi solo con il vecchio addormentato.

Ho passato il pomeriggio a passeggiare per i bastioni del ca-
stello e lungo le strette vie medievali, cercando di tendere l'orecchio a ogni voce che suonasse come chiacchiera. Fingendomi un
turista alla ricerca di un souvenir, sono riuscito ad allacciare
qualche conversazione, ma non appena provavo ad affrontare
l'argomento che più mi stava a cuore, se pure con l'aria più innocente e leggera, notavo subito il sospetto negli occhi dei miei in-
terlocutori. I paesani si chiudevano regolarmente in un silenzio
ostinato, così che sono riuscito a ottenere assai poco, in un pomeriggio di marcia, se escludiamo i piedi gonfi e l'acquisto di un orrendo souvenir della famosa battaglia di Anghiari, al prezzo ver-
gognoso di 15 lire.

Ho cenato alla pensione molto presto, perché la giornata è stata lunga e faticosa. Non c'era il vecchio di oggi, e il signor Graziano era particolarmente silenzioso. Così non ho fatto altre domande, anche perché quando sono così stanco fatico a mettere insieme gli elementi che ho raccolto.

Ma poi, avrò raccolto qualcosa che possa definirsi elemento utile, o no? La versione del commissario è sbrigativa, fatta più per chiudere un caso nebuloso che per dissolvere le tenebre. E aggirarmi per il paese come una spia, o interrogare qualche ubriaco, mi servirà a fare un po' di luce? Ora basta, Direttore, faccio giusto in tempo a spedire questa lettera con l'ultimo convoglio. Attraverso le finestre, vedo che il cielo si sta coprendo di leggere nubi che provengono da ovest e, mentre ciò che resta del tramonto lascia il posto all'oscurità, mi affretto a ritirarmi per un sonno ristoratore, ma non prima di averti inviato i miei enigmatici

saluti.

Da Anghiari, il tuo amico nonché cronista d'assalto F. F.

21 giugno 1908

Caro Direttore,

che notte! Ieri, dopo aver consegnato la tua lettera al vetturino postale, mi sono ritirato nella mia camera vinto dalla stanchezza, ma non immaginavo che avrei penato così tanto per riuscire a prendere sonno. Prima di continuare un racconto che forse ti divertirà, sarà meglio che ti dia una breve descrizione di Ca' Matilde. È un villino del secolo scorso, tutto fatto di legno di conifera, di cui sono ricche le pendici boscose di questo angolo di Valtiberina. Il piano terreno è diviso in due parti; una funge da ingresso con annessa cucina e c'è una saletta riservata per i pasti, che potrebbe contenere non più di una dozzina di persone. È in questo locale che ieri ho incontrato il vecchio ubriaco. Al centro dell'edificio, una gigantesca scala di stile rinascimentale porta al piano primo, accompagnando gli ospiti col suo corrimano in legno lavorato. Ho detto che la scala è gigantesca e, in verità, è talmente sproporzionata alle dimensioni della casa da far pensare a un errore dell'architetto o al cattivo gusto dei suoi committenti dell'epoca. L'altra metà del pianterreno è chiusa dietro una pesante porta di quercia; ho dedotto che qui siano gli alloggi del proprietario. Ti ho già parlato del signor Graziano, aggiungo solo che è scapolo e che non offre alloggio né alla cuoca né alla cameriera: ho visto queste ultime partire dalla pensione ieri sera e tornarvi solo stamattina per preparare le prime colazioni. Quindi, costui abita solo e ha l'abitudine di tenere serrate le finestre del suo alloggio che danno sul giardino, come ho già avuto modo di constatare. Non so come faccia a vivere in un appartamento costantemente buio, per di più con quegli occhiali scuri. Farà un uso smodato di candele, ma questo è affar suo.

Il primo piano comprende quattro camere, di cui solo la mia è occupata. Nella stanza l'arredamento è piuttosto misero, così come le dimensioni, tanto che un lettuccio singolo, un piccolo armadio e uno scrittoio tarlato la riempiono completamente. Tuttavia è pulita, e non mi lamento.

La prossima volta, però, fai uno sforzo e concedi ai tuoi inviati un alloggio un po' più sontuoso; il giornale non versa, spero, in condizioni così deprecabili come l'aspetto del mio albergatore, né le tue finanze sono dissestate come la reggia che mi ospita. Dopo questo sfogo (che mi costerà il licenziamento) riprendo il mio dovere di cronista.

Ieri sera ero dunque rientrato nei miei appartamenti e mi ero coricato forse da mezz'ora, quando il silenzio è stato lacerato da un urlo spaventoso proveniente dal giardino, che mi ha raggelato il sangue. Sembrava il grido disperato di un condannato a morte, anzi era un suono che non aveva nulla di umano. Ho sentito i peli delle braccia e della nuca rizzarsi e, se non sono subito balzato in piedi, è perché le gambe in quell'istante non mi avrebbero sorretto. Senza accendere la candela mi sono fatto forza, ho gettato via le coperte e ho spalancato la finestra.

Il cielo era gonfio e minacciava pioggia, che in questo periodo arriva spesso all'improvviso e sotto forma di temporale. Soffiava una brezza feroce, incostante e capricciosa, a strappi violenti. L'insegna della locanda, a due metri dalla mia finestra, ha cominciato allora a sbattere irregolarmente sulla facciata di legno, oppure lo faceva già da prima ed io, nel sonno, non l'avevo sentita. Era difficile distinguere qualcosa, giù nel giardino. Qui non ci sono i lampioni a cui siamo tanto abituati in città; per non parlare dell'illuminazione a gas, che è addirittura sconosciuta. Tutto soffocava in un'oscurità densa. Mentre aspettavo che gli occhi si abituassero a vedere senza luce, una figura ha cominciato a delinearsi nel buio, certo grazie alla chioma bianca. Ho riconosciuto subito l'ubriaco.

"È lui!" si è messo a gridare. "Il prete di Anghiari! Io lo so!"

A questo punto l'insegna ha preso a sbattere sul legno con un ritmo più frenetico e con più violenza. Il vecchio ha continuato a gridare le stesse parole, ripetendo molte volte quella frase. Il prete di Anghiari. La stessa cosa che aveva detto ieri e che non avevo capito. Gridando, si è spostato in una parte del giardino ancora più buia, oppure la coltre di nubi si è ispessita, perché non sono più riuscito a distinguere i suoi capelli candidi, inghiottiti dalla notte.

Le imposte della mia finestra non volevano smettere di picchiare sulle mie braccia; credo di avere preso due o tre botte sulla testa, ogni qual volta una folata di vento più arrabbiata delle altre si faceva strada tra gli abeti in tumulto sul crinale e veniva a colpire senza pietà il villino e il mio viso.

"Il prete!" continuava a gridare il vecchio. "Il prete di Anghiari!"

Sono riuscito con uno sforzo a chiudere la finestra per ritrovarmi con il fiato grosso e il cuore in gola. A confronto della notte la mia stanza, con le candele spente, sembrava quasi più luminosa. Ad un tratto ho udito il portone principale aprirsi di colpo. Le grida dell'ubriaco si sono fatte più disperate, poi le ho sentite allontanarsi dalla casa, e una serie di colpi e di rumori che non ho potuto identificare. Il portone si è richiuso ed è tornato il silenzio. Il silenzio ma non la pace, perché per tutta la notte mi è sembrato di udire il battito sordo dell'insegna sulla facciata del villino. Probabilmente era solo il mio cuore spaventato.

Stamattina mi sono alzato con le ossa indolenzite, per nulla riposato. Il vento soffiava ancora con improvvise folate. Credo che il cielo non possa essere, di giorno, più nero di quanto sia stato oggi. La cameriera mi ha servito la colazione con buon garbo. Aveva l'aspetto di una ragazza educata e intelligente, così ho provato ad interrogarla sul vecchio dai capelli bianchi.

"Ah, non so, signore," mi ha detto. "È un uomo che frequenta tutte le osterie del circondario. Qualche volta viene anche qui; il signor Graziano gli dà un po' da bere, poi lo manda a casa.

Quando ha bevuto troppo diventa molesto per gli ospiti. Le ha dato fastidio?"

"No, fastidio no, ma stanotte è venuto sotto la mia finestra a farmi la serenata."

"Scherza?" ha chiesto lei con gli occhi sgranati.

"Non ci penso neanche. Gridava di un prete. Il *prete di Anghiari*, l'ha chiamato."

"Oh, quella storia lì," ha commentato a bassa voce.

"Sì, lei ne sa qualcosa?" le ho domandato.

"C'è una leggenda che mi raccontava mia nonna. Il prete di Anghiari era un religioso domenicano che, nel 1490 o giù di lì, processava le streghe. Credo che ne abbia mandate al rogo un centinaio."

"Brutta storia."

"Sì," ha continuato lei versandomi il tè, "ma un giorno, tra tante disgraziate che non avevano niente a che fare con la stregoneria, si è imbattuto in una strega vera. Mentre la processava, lei gli ha fatto qualcosa, non so cosa. Era la notte di S. Giovanni quando la strega è stata arsa viva. Fatto sta che, da allora, lui non ha potuto più morire, ed è vissuto nascosto perché era deforme. Ma tutti gli anni, nella notte di S. Giovanni, lui si prendeva la sua vendetta, trasformandosi in demonio e uccidendo una vergine con un colpo di becco. L'ha fatto per trecento anni, ma da un secolo nessuno sa più niente di lui. E il bello deve ancora venire…"

"Angelina!" ha tuonato una voce.

La cameriera ha lasciato cadere il bricco di stagno del tè, che per fortuna era vuoto, prima di precipitarsi a testa bassa in cucina. Il signor Graziano si è avvicinato al mio tavolo, sempre con i suoi occhiali scuri e la sua giacchetta, portandomi un piattino pieno di biscotti. Li ho guardati, avevano le basette incolte.

"Non è facile trovare del personale," mi ha detto con la sua faccia da neonato dietro le lenti scure, "specie in un piccolo paesino. Angelina è una brava ragazza, ma è ignorante e superstiziosa. Spero che non l'abbia spaventata con le sue chiacchiere."

"Niente affatto," ho risposto. "Anzi, mi ha raccontato una storia molto interessante. Ma chi era, stanotte, che gridava sotto la mia finestra?"

"Nessuno."

"Sì, c'era qualcuno. Chiamava un prete."

"Se l'è sognato."

"Me lo sono sognato?"

"Se l'è sognato," ha concluso. Si è voltato ed è uscito dalla sala da pranzo, seguito da lontano dalla sua gobba.

Ho faticato molto a raggiungere Anghiari, nonostante disti poco più d'un miglio, a causa del vento che non accenna a diminuire. La via più breve passa attraverso un piccolo bosco. C'è un incrocio di strade, di cui una porta in paese e le altre muoiono poco distante, vicino a vecchie case da boscaioli abbandonate. Devo memorizzare bene la strada, non vorrei fare la figuraccia di perdermi e di passare la notte nelle pinete. La temperatura è scesa ancora; con questo cielo e questo vento non c'è da farsene meraviglia.

La biblioteca di Anghiari non è certo fornita come quella di Urbino, ma conserva ancora qualche copia di giornali vecchi e ingialliti e qualche registro cittadino di due secoli fa. Con l'aiuto della bibliotecaria ho raccolto tutti i documenti che possano servirmi a capire qualcosa in più su questa faccenda, che comincia davvero ad appassionarmi. Durante il pranzo in una trattoria di paese ho fatto una triste scoperta: il vagabondo accusato degli omicidi sarà processato in via direttissima dopodomani. Quel tizio mi è simpatico, pur non avendolo mai incontrato. L'idea che ci sia qualcosa di complesso e spaventoso, sotto il mistero dei due crimini, sta diventando molto più che un sospetto.

Tu mi chiederai: su cosa si basa questa tua idea? Ebbene, Direttore, di preciso non lo so. È lo spirito di questi luoghi, o una voce che sussurra al mio orecchio sempre lo stesso nome sconosciuto, o forse il cielo che incombe così nero sul mio viaggio qui, che non mi fa stare quieto. E soprattutto c'è una domanda: chi è, davvero, il prete di Anghiari? Credo che quando avrò dato una risposta a questa domanda potrò andarmene da qui, ma prima no. So a cosa stai pensando. Va bene, rientro nel mio ruolo e termino il mio resoconto nel modo più esatto possibile.

Sono tornato a Ca' Matilde con un fagotto di impressionanti dimensioni, che conteneva tutti i documenti reperiti alla biblioteca. Ho passato l'ultima parte del pomeriggio a studiarli, senza risultato, fino a sentire la campanella della cena. Sono stato servito dal signor Graziano, affatto silenzioso e impenetrabile, e ti garantisco che la qualità del cibo non è stata migliore della compagnia. Nell'atto di ritirarmi in camera mi sono quasi scontrato sul pianerottolo con la cameriera. Ti ricordi, la ragazza di nome Angelina.

"Buonasera," ho detto.

E lei, con gli occhi bassi e il passo di chi ha un'improvvisa premura: "'sera!"

Le ho sbarrato la strada e non mi sono lasciato sfuggire l'occasione.

"Angelina," ho continuato, "lei stava raccontandomi qualcosa, stamattina."

"No, no."

"Ma siamo stati interrotti. Perché mi ha detto che il bello deve ancora venire? Su, me lo dica, non ci sente nessuno. Perché tutti mi parlano del prete di Anghiari? Se è una storia così vecchia, o una leggenda, perché sento questo nome sei volte al giorno da quando sono qui?"

Ha alzato gli occhi puntandoli sui miei. "Perché è tornato!"

"È tornato? Come, è tornato?" ho chiesto, forse troppo precipitosamente.

"Lei crede davvero," ha detto a voce così bassa che a malapena la sentivo, "che quel povero vagabondo abbia qualche colpa? Lei lo sa, chi è stato ad uccidere?"

"No, magari," ho detto io.

"Lei lo sa! L'ha già capito, per questo fa tante domande," mi ha detto negli occhi. "Per tanto tempo non si è visto, ma da due anni è tornato!"

"Il famoso prete?"

"Il prete di Anghiari!" ha sibilato, ed è letteralmente fuggita giù per lo scalone.

Non senza una punta di vergogna, caro Direttore, ti confesso che non mi farà piacere uscire dalla mia camera, stasera. Lo farò solo per il tempo necessario ad affidare questa lettera nelle mani del messo postale. Sappi che mai come ora ho desiderato porgerti di persona, e non per lettera, i miei spaventati

saluti.

Da Anghiari, il tuo amico nonché, forse ancora per poco, cronista d'assalto F. F.

23 giugno 1908

Caro Direttore,

scusami se ieri non ti ho scritto, ma sono successe tante cose in due giorni che non so da dove cominciare. Quando te le avrò raccontate, spero che perfino tu non avrai niente da rimproverarmi.

Vediamo dove mi ero interrotto due sere fa. La cameriera, Angelina, è uscita come tutte le sere per fare ritorno a casa sua, in paese. Dalla finestra l'ho vista correre a rompicollo attraverso i campi. A capo scoperto, correva incurante delle nubi minacciose, la sua gonna frustava il vento come un corvo ferito. In quel momento ho sperato con tutto il cuore di non essere stato io, la causa involontaria di tanta inquietudine. Durante la notte mi è parso di udire in lontananza, tra gli ululati del vento, la voce del vecchio dai capelli bianchi. Non so se più per il sonno o più per la paura, non ho aperto la finestra per controllare.

La mattina, ossia ieri mattina, ho fatto colazione molto tardi; la cameriera era molto pallida, aveva il capo chino e non mi ha parlato, né degnato di uno sguardo. Sono ritornato in camera a leggere i miei documenti e ci sono rimasto fino a mezzogiorno. A pranzo il signor Graziano era insolitamente loquace. Mi ha chiesto come mi trovassi ad Anghiari e come andassero le mie indagini. Mi ha perfino fatto un mezzo sorriso, o dovrei dire ghigno, perché su quel viso non si è prodotta la minima increspatura della pelle.

Il mio programma per il pomeriggio era di passeggiare per i prati, cosa che normalmente mi aiuta a calmare i nervi e a chiarirmi le idee. Ma, appena fuori della porta, il vento mi ha ricacciato dentro con tanta violenza che ho davvero temuto di essere scaraventato al suolo. Guardando il cielo, sono rimasto impressionato. Credo che, se avessi alzato un braccio, l'avrei affondato per metà nel nero delle nubi. Così sono tornato nella sala da pranzo e ho dato un'occhiata al resto dei documenti raccolti. Di tanto in tanto, un refolo di tempesta produceva un suono assai sinistro nella cappa del camino: sarei molto sorpreso se scoprissi che, sul tetto, qualche tegola è rimasta al proprio posto.

L'analisi dei vecchi giornali ha dato alcuni frutti. Su un documento del 1746 ho trovato un accenno al prete. Il mattino del 24 giugno di quell'anno una ragazza è stata trovata assassinata nella propria casa. Sulla fronte della vittima c'era un grande foro triangolare di otto centimetri, come quello prodotto da un piccone o dal rostro d'un uccello rapace. Ma non riesco ad immaginare quale uccello potrebbe corrispondere, in proporzione, a tale misura. Lo stesso strumento, ad ogni modo, è stato usato per demolire la porta d'ingresso. Quindi l'assassino ha sfondato l'uscio a picconate e, raggiunta la sua vittima, l'ha uccisa colpendola sulla fronte. La cosa incredibile è che, sui documenti ufficiali delle autorità, si fa esplicita menzione al prete. Sembra che nessuno, tra gli inquirenti dell'epoca, abbia avuto il minimo dubbio circa la paternità del delitto. È come se, al giorno d'oggi, un magistrato archiviasse un caso d'omicidio attribuendone la responsabilità ad uno spettro. Non capisco. O meglio, preferirei non capire, ma la realtà dei fatti è qui davanti a me e mi dice che un intero paese è succube di una superstizione antica. E molti assassini, di ieri e di oggi, ne hanno approfittato per restare impuniti. Questa sembra anche l'opinione del commissario Tarmelli, tuttavia sono convinto che s'inganni anche lui. Credo nell'innocenza del vagabondo, ma la mia intelligenza si ribella di fronte alla teoria del domenicano immortale che si trasforma in demonio una volta l'anno. Deve esserci un'altra spiegazione, che in qualche modo ha a che fare con la superstizione, ma un elemento mi sfugge. Tutto mi sfugge. Sono qui da troppo poco tempo.

Ho trovato dei documenti anche più antichi e posso andare indietro di altri sette anni, fino al 1739, ad eccezione del 1741, il quale forse è andato perduto. In tutte le edizioni, alla data del 24 giugno è riportata la notizia di un omicidio. La vittima è sempre una giovane donna. La morte risale sempre a un orario che si aggira tra le 23 e mezzanotte della sera precedente. La sera del 23 giugno, ossia la notte di S. Giovanni.

Ieri sera non ho ricavato informazioni dall'albergatore, ma c'era il mio amico alcolizzato, con la sua gran massa di capelli candidi e il volto paonazzo. Stai a sentire, perché sto per dirti qualcosa di singolare.

Stranamente non sembrava ubriaco, anzi pareva del tutto sobrio. Durante la mia cena è rimasto a sedere sulla panca, con un bicchiere di acquavite sul tavolo accanto, che però non ha toccato. Spesso mi sentivo osservato e quando alzavo gli occhi lo sorprendevo a scrutarmi, con la faccia metà in ombra e metà fuori. Sembrava lo spiritello delle taverne. Dopo il caffè, sapendo che il signor Graziano si era ritirato per la notte, a un certo punto ho rotto il ghiaccio.

"Lei ha una bella voce," ho detto al vecchio all'improvviso. "Perché non la impiega per scopi più nobili che svegliare un galantuomo nel cuore della notte?"

È sembrato trasalire alle mie parole e, dopo avermi osservato furbescamente: "Lei è straniero," mi ha risposto, "e non sa niente. Proprio niente."

"Davvero," ho detto, allungandomi sulla sedia, "davvero, non so proprio niente. Mi dica lei, allora, nonno. Cosa c'è da sapere?"

"Hi hi," ha ridacchiato. "Non sa proprio niente."

"Mi dica chi è il prete di Anghiari. Lei l'ha visto?"

"Sì," ha risposto facendosi serio.

"Ma pensa! E com'è? È così brutto come dicono?"

"Non così tanto. Sembra quasi normale. Ma io conosco il suo segreto. So chi è!"

"Vorrebbe dire che lei conosce una persona che in realtà è il prete di Anghiari? E chi è? Dov'è? Me lo dica, se lo sa."

"Se glielo dicessi, giovanotto, lei ora morirebbe dalla paura. Proprio così. Morirebbe. Ma lei è straniero, non sa niente. Cosa vuol sapere?"

Mi sono alzato dalla sedia e sono andato a sedermi accanto al vegliardo. "Senta," gli ho detto, "io non me ne vado da questo paese se lei non mi aiuta a saperne di più. Lei deve aiutarmi, nonno..."

Mentre parlavo il mio sguardo si è posato sul suo viso, allora la voce mi è morta. Era impietrito e guardava davanti a sé, con tutti i muscoli del collo tesi e gli occhi spalancati. Mi sono voltato di scatto: il signor Graziano era in piedi a due passi da noi e ci guardava in silenzio.

Il vecchio si è alzato senza dire una parola, ha raggiunto la porta e l'ha aperta. Il vento ha afferrato il pesante battente di legno massiccio facendolo sbattere con violenza contro il muro. Attraverso la porta aperta un lampo mi ha accecato mostrandomi, come congelati in un dipinto, foglie e rami anche molto grossi, buttati qui e là dalla tromba d'aria. Il vecchio ha affrontato la tremenda notte, in apparenza meno spaventato di uscire che di restare dentro. Poi il vento ha cambiato direzione, richiudendo il portone con un fragore d'inferno. Il signor Graziano ha tirato il catenaccio e si è voltato verso di me. Avrei pagato per vedere attraverso i suoi occhiali neri. Mi ha detto gelidamente, di nuovo, buona notte, ed è sparito nel buio del suo alloggio dalle finestre sprangate.

Ecco, caro Direttore, quale è stata la mia serata ieri, e credo di non doverti dire con quanta fretta mi sia ritirato a studiare nella mia camera. Durante la notte, poi, ero certo che la casa sarebbe venuta giù e mi auguravo solo di morire velocemente. Con tanta forza, pensa, veniva attraverso il cielo la tormenta. Bastimenti, tra i più grandi e meglio costruiti, sono colati a picco a causa di venti di gran lunga meno impetuosi.

Per questo non ti ho inviato il mio rapporto, ieri. La sola idea di andare a piedi alla stazione di posta sfidava i limiti della mia prudenza e forse del mio coraggio; qualsiasi altra cosa, che non fosse uscire tra le braccia crudeli di quel vento, mi sarebbe sembrata meno irragionevole. E ancora durante la notte mi è parso di sentire la voce del vecchio, proprio come quella di un naufrago mentre infuria la bufera sull'oceano.

Stamattina non ho visto l'albergatore; sono stato servito dalla cameriera, più silenziosa ancora di ieri. Ormai ho qualche timore a fare domande, so che le risposte potrebbero rivelarsi per me non meno inquietanti dei dubbi che le hanno generate. Così ho passato la mattina a sfogliare vecchi incartamenti ingialliti e strappati, senza trovare nulla, o quasi. L'unico spunto interessante è un riferimento a un omicidio inspiegabile che risale al 1688. Anche in questo caso le autorità fanno esplicito riferimento al prete, con una naturalezza e una semplicità che mi sconcertano. A parte questa, non ho trovato altre notizie utili.

Anche a pranzo, dell'albergatore nemmeno l'ombra. Stavo mangiando di cattivo appetito, quando sono stato assalito da un'idea pazzesca. L'idea, cioè, che il prete di Anghiari possa celarsi sotto le vesti di una persona in apparenza normale, con la quale magari ho contatti. Proprio come sembrava suggerire il vecchio. Anzi, potrebbe essere proprio il vecchio alcolizzato, o il signor Graziano, e perfino il commissario Tarmelli. Una di queste persone, stasera potrebbe trasformarsi in un demone e compiere il terzo omicidio. Ma poi mi sono chiesto: a cosa sto pensando? Mi sono forse fatto contagiare a tal punto dalla superstizione di questo luogo? Non avevo appena stabilito che quello del prete è un comodo diversivo, buono per scagionare gli assassini comuni?

Eppure, caro Direttore, ormai il tarlo del folle dubbio si era insinuato nel mio animo, e stai a sentire in quale modo ho voluto soddisfare la mia curiosità malsana.

Dopo pranzo, con la scusa di voler riposare, ho detto alla cameriera che mi sarei ritirato per tutto il pomeriggio in camera mia. Ho atteso un'ora, che la ragazza finisse le sue mansioni e che la cuoca chiudesse la cucina. Non appena il villino è caduto in un profondo silenzio, sono sgattaiolato fuori della mia stanza con l'attenzione di un ladro. E nessun cuore di ladro ha mai battuto con la velocità del mio, mentre mi avvicinavo alle stanze private del padrone di casa.

Entrare è stato facile, perché evidentemente il signor Graziano non ha mai considerato l'idea che qualcuno potesse avere tanto ardire da provarci. L'interno, come mi aspettavo, era buio. Perciò avevo una candela accesa in una mano e un'altra in tasca, per ogni evenienza, insieme alla pietra focaia. Non ero sicuro che il padrone di casa non ci fosse, ma coltivavo una ragionevole speranza per l'assenza di qualsiasi rumore.

La candela gettava una luce tremolante sul più strano luogo che io abbia mai visto in vita mia. Mobili di foggia estremamente antiquata, che dovevano essere appartenuti a qualche trisavolo, ingombravano la stanza principale. Su tutto giaceva uno strato impressionante di polvere, e le finestre erano effettivamente sprangate dall'interno con assi inchiodate al muro. Due o tre candelabri sembravano avere più una funzione ornamentale che pratica, privi com'erano di candele. Ho notato, sul pavimento, una specie di sentiero scavato nella polvere, come quelli che gli stercorari lasciano sulla grassa terra degli obitori. La traccia portava alla seconda stanza attraverso un singolare arco di pietra. Sembrava decorato con bassorilievi e scritte in greco o ebraico; non potendovi leggere nulla, l'ho superato e sono entrato nella stanza. Era la camera da letto. Al centro della stanza, un enorme letto di legno massiccio si nascondeva dietro le cortine del suo altissimo baldacchino. Ma una volta che mi sono avvicinato ancora, e ho alzato la candela, ho capito che le tendine altro non erano che ragnatele, in quantità impressionante, che solo un esercito di ragni per molti secoli poteva avere realizzato. Ed era tale lo spessore di questo lavoro di ricamo, e di conseguenza il suo peso, che il baldacchino ne era addirittura incurvato. Anche le finestre di questa stanza avevano le imposte bloccate da larghe assi inchiodate. In un angolo giaceva un basso scrittoio, forse un pezzo di antiquariato di grande valore, per quanto conservato senza la minima cura. Sui muri ho creduto di scorgere la presenza di una brutta carta da parati molto scura, ma mi sono dovuto ricredere: le pareti erano ricoperte in realtà da uno strato di unto misto a caligine, che forse risaliva al tempo di Noè. Sono tornato velocemente sui miei passi, con l'intenzione di uscire al più presto da quella specie di cripta etrusca. Mi sono avvicinato alla porta e ho accostato l'orecchio alla fessura. C'era silenzio, ma non del tutto. Mi è parso di udire un sottile fruscio, un lieve fischio, come quello che si produce lucidando un mobile o lisciando un pezzo di legno. Ma non poteva trattarsi del vento, perché quello avevo imparato a distinguerlo bene, e poi non veniva da fuori. Ho spento la candela e mi sono avvicinato allo stipite della porta, quasi poggiando l'occhio allo stretto spiraglio. Il corridoio era debolmente illuminato e, nella tenue luce, si poteva scorgere un'ombra danzante, come se una nube nera fosse passata per gioco davanti alle candele. Ho mosso la pupilla verso le scale e l'ho visto. Non sono certo che fosse una figura umana, ma sono sicuro che qualcosa di molto grosso e pesante sia scivolato giù lungo la ringhiera della grande scala circolare, per poi infilarsi in cucina con uno svolazzo scuro. Era troppo. Mi sono lanciato fuori da quelle orribili stanze, ho raggiunto la mia camera chiudendomi dentro con tutte le mandate disponibili, tanto che ho rischiato di rompere la chiave.

Era tempo di scendere per la cena, e stavo rimuginando se arrischiarmi ad uscire dal mio rifugio, quando ho sentito battere alla finestra. Come è logico era chiusa per via del vento, ma sembrava che qualcuno vi gettasse delle pietre. Ormai ero in uno stato mentale che non mi permetteva più di stupirmi, né la mia paura poteva aumentare di un grammo. Ho aperto la finestra non senza un forte brivido. Giù nel giardino, il mio amico ubriacone si apprestava a lanciare altre pietre contro le mie imposte. Il vento era cattivo come non potrai mai immaginare, mio caro: dava dei colpi, tirava, poi spingeva indietro e faceva altre cose ancora che non possono venire che da una mente pensante e malvagia. Nonostante la chioma del colore della neve, non avrei mai potuto vedere il vecchio, nell'oscurità che è poco definire totale, se egli non avesse portato con sé una lampada di sicurezza. La fiammella ondeggiava all'interno, appena protetta dal vetro.

"Finalmente!" mi ha gridato attraverso la bufera.

Un lampo l'ha illuminato tutto, quindi un tuono terribile mi ha fatto tremare le ossa.

"Cosa vuole?" gli ho gridato io, sperando che mi sentisse.
"Vada via, si farà male a stare all'aperto! Vada via!"

"Lo vuole vedere?" mi ha urlato.

"Chi?" ho domandato.

"Lo sa, chi. Questa è la notte di San Giovanni! Venga, incontriamoci qui tra un'ora. E non mi faccia aspettare!"

"Lei è pazzo! È ubriaco!"

Sono riuscito con fatica ad afferrare lo stipite e a chiudere la finestra. Con i vestiti e i capelli pieni di rametti buttati lontano dal vento, mi sono appoggiato al muro. Avevo le mani e la fronte sudate. Il rumore del mio cuore era coperto solo dai tuoni, sempre più insistenti e vicini. Ho deciso. Costi quel che costi, qualunque cosa voglia farmi vedere il vecchio, potrà mostrarmela solo questa notte, non ci sarà un'altra occasione. Ho impiegato quaranta minuti a scriverti questo resoconto, spero fedele, perché volevo pensare con calma al da farsi. O forse perché non volevo pensare affatto. Se ci pensassi anche solo per un istante, mi metterei in letto e mi coprirei fin sopra la testa. Invece ho già le scarpe e sono pronto. Lascerò questa lettera alla cameriera con preghiera di recapitarla alla stazione postale stasera prima delle 22. So che deve passarci davanti rientrando a casa.

Caro Direttore, caro amico, nella notte di S. Giovanni mi accingo ad uscire per le campagne di Anghiari in compagnia di uno sconosciuto, forse insano di mente, nella speranza di vedere qualcosa che mi tolga i miei mille dubbi. Sarò pazzo anch'io, ma devo sapere.

Spero che questo scritto ti arrivi, insieme all'assicurazione della mia amicizia e ad un sincero, ultimo, fraterno abbraccio.

Da Anghiari, il tuo amico F. F.

.

27 giugno 1908
Caro Direttore,
sono vivo. Ancora una volta ho disatteso il mio impegno di scriverti ogni giorno e anche questa volta sono certo che, dopo aver letto la mia lettera, giustificherai pienamente il mio comportamento. Altrimenti, posso solo chiederti perdono.

Voglio dirti che cosa è successo in quella notte maledetta. Se avessi dato retta a quel poco di ragione che mi era rimasta, avrei dovuto uscire dall'albergo così com'ero, raggiungere la stazione di posta e seguire di persona il corso della lettera indirizzata a te, senza fermarmi che nella sede del giornale. Senza fare le valigie o cambiarmi d'abito, né dire una parola di commiato a nessuno. Se avessi pagato il conto con tre biglietti di banca lasciati su un tavolo in piena notte e fossi fuggito, avrei conservato la salute mentale e l'integrità dell'animo mio, che invece è andato in pezzi. Adesso sarei roso da un dubbio e da un pensiero fisso, ma non dovrei scegliere se essere considerato bugiardo o pazzo, da te, da tutti gli altri uomini e forse anche da me stesso.

Spero che la cameriera, quella sera, abbia spedito il mio dispaccio. Se è così, sei aggiornato su quanto è successo fino al momento in cui le mie dita hanno faticato a ripiegare la busta, tanto era irresistibile il tremito che le scuoteva.

In camicia sono sceso nell'ingresso, che era deserto e silenzioso. Le tre candele erano ancora accese ma ondeggiavano, segno che il vento aveva trovato, nella sua micidiale determinazione, almeno un varco per invadere la casa. Dopo avere indugiato un attimo ho tirato il catenaccio e ho spinto il portone senza successo. Se avessi tentato di smuovere la montagna su cui Anghiari sta appollaiata come un gheppio, mi sarei imbarcato in un'impresa meno titanica. L'uragano urlava, dirigendo tutte le sue forze sulla facciata del villino e premendo sul portone. Ma ad un tratto il vento ha cambiato repentinamente direzione, piegando il pesante uscio come l'ala di una farfalla notturna, tanto che uno dei cardini è uscito dal suo montante di quercia. Dalla voragine aperta sulla notte è allora entrato un vortice d'aria a spegnere tutte le candele, attraverso il quale mi sono dovuto fare strada per raggiungere l'esterno.

Il vecchio mi aspettava, con la massa dei capelli bianchi rischiarata da una luce opalina proveniente dalle nubi. Il cielo, che come ti ho detto era stato di un nero impenetrabile, stava aprendosi per lasciar passare l'immagine di una luna enorme e livida, piena per tre quarti. Senza dire una parola il vecchio si è voltato, incamminandosi attraverso i campi in direzione del paese. Mi vergogno a dire che io, in silenzio, l'ho seguito.

Non so per quanto tempo possiamo avere marciato. Avevo soltanto la sensazione di essere portato via nell'aria da quel turbine che avrebbe potuto, a suo volere, schiacciarmi al suolo come un fico maturo. E invece ci sospingeva, ovvero ci accompagnava, verso la nostra destinazione, a me ancora ignota. Se fosse la volontà di non ostacolarci, o la combinazione fortuita di andare come noi verso Anghiari, non lo saprei dire; fatto sta che il vento aveva deciso di rimanere a poppa del nostro destino in quell'oceano, sconosciuto e profondo, di terra e aria. Spazzando via le pesanti nubi dalla nostra testa, l'alito infernale della notte faceva emergere dal buio, alla luce della luna sempre più libera, il paesaggio circostante. Così ho riconosciuto i campi di barbabietole che più di una volta avevo visto dalla strada per il paese. Giunti all'incrocio che già ti avevo descritto, il vecchio si è fermato e mi ha rivolto per la prima volta la parola.

"Qui va bene," ha detto a voce altissima, ma appena udibile nel muggito dell'aria, "fermiamoci qui."

L'incrocio di strade era davanti a noi, a una ventina di passi; ci siamo riparati dietro un piccolo cespuglio torturato dal vento.

"Adesso cosa succede?" gli ho gridato.

Lui mi ha guardato senza rispondere.

"Cosa succede?" ho ripetuto. Non potevo parlare senza che un tremito fuori controllo mi agitasse il mento.

"È una domanda stupida," mi ha gridato di rimando. "Aspetti e vedrà."

E così, ho aspettato. Cos'altro avrei potuto fare? Non ero più padrone di me, ma succube della mia curiosità malsana e forse di altre forze difficili da sondare. Dopo due minuti, o forse dieci, o quaranta, non so, è successo ciò che il vecchio attendeva con ansia febbrile, e che io temevo e speravo insieme.

Qualcuno è arrivato. Veniva dalla strada che avevamo percorso anche noi, quindi dalla parte della pensione. Credo che il vecchio mi abbia fatto procedere per i campi proprio per scongiurare la possibilità di fare da vicino questo incontro. Invece, poiché l'uomo camminava sulla via, noi potevamo osservarne l'incedere senza essere visti. La luna era ormai del tutto scoperta. Non ricordo di averla mai vista splendere con più ostinazione; sembrava enorme e, se le sue dimensioni non sono cambiate quella notte, o era vicinissima alla terra o io mi trovavo in uno stato mentale precario. La sua luce formava pozzanghere pallide tra le ombre degli alberi; l'uomo saltava con cautela da un'ombra all'altra, quasi avesse paura di cadere in quella luce e di annegarvi miseramente. Giunto all'incrocio si è fermato guardingo, rivelandosi ai nostri sguardi. Ma, anche se la cosa mi sarebbe sembrata impossibile fino a pochi minuti prima, il vento è riuscito a crescere di intensità, trasformando la campagna in un mulinello di polvere, terra, rami e molto altro ancora. Se mi fossi azzardato a lasciare la stretta intorno al basso tronco che ci fungeva da riparo sarei volato via, o almeno avrei trovato grandi difficoltà a rimanere fermo in quel luogo, per non parlare di mantenere la posizione eretta. Lo sconosciuto, invece, era ritto in piedi; a un certo punto si è tolto la giacca. La giacca, Direttore. Allora ho capito! Perché io, quella giacca, l'avevo già vista e te ne ho parlato. Ma è stata questione di un istante; subito, libera del corpo del suo proprietario, è stata rapita dal vento e portata chissà dove. Spero di non vedere più il tuo volto amico se, su quella schiena messa a nudo, non c'era un'enorme, orribile escrescenza. Sembrava un grande involto di dieci o dodici lenzuola di seta candida, pressati all'inverosimile. Il mio compagno dai capelli bianchi aveva gli occhi sbarrati e diceva qualcosa a voce alta. Impossibile, tuttavia, udire suono umano in quella bufera infernale. Mi sono voltato di nuovo verso lo strano individuo per vederlo fare il gesto inequivocabile di chi sputa a terra, e non una volta sola. Poi, con alcuni lunghi salti, procedere sulla via di Anghiari.

Fino a qui, amico mio, questo racconto può ancora essere considerato frutto di una mente sana. Ma che sarà di me quando ti avrò descritto ciò che non avrei mai voluto vedere? Sul volto di quest'uomo è comparso un becco smisurato, e i suoi occhi erano pieni di bagliori. Ad ogni salto, anche se non me ne sono accorto subito, gli stracci bianchi sulla sua schiena si svolgevano, ma non per opera del vento. Si aprivano come si dispiegano le vele di un vascello, in una direzione precisa e funzionale all'uso. Ancora un balzo; le ali si sono distese per una grandezza immensa, togliendo al terreno la luce della luna appena conquistata. Per avere un'idea delle proporzioni di quest'orrida visione, immagina una canoa con un trinchetto da galeone, o un fringuello con le ali di una poiana. Come potevo osservarne tutti i dettagli, mentre l'incubo si sollevava da terra e si dirigeva verso le nubi nere, e il vento mi staccava a forza le mani dal cespuglio rigandomele a sangue?

Dei riflessi chiari sugli alberi più alti mi hanno fatto voltare indietro d'istinto. Immagina a che punto è arrivato il mio stupore quando ho visto in lontananza, al posto della locanda, un grande fuoco. Ho puntato di nuovo gli occhi sul mostro in tempo per vedere la sua forma nera infilarsi nelle nuvole buie. Solo allora il vento è cessato e così anche i riflessi, perché il fuoco era sparito e Ca' Matilde si stagliava in lontananza alla luce della luna, intatta com'era sempre stata.

Io sono ricaduto a terra senza sapere se sarei vissuto abbastanza da vedere il giorno. Ricordo che udivo il vecchio gridare frasi sconnesse, poi tutto è finito.

Mi sono svegliato in un letto sconosciuto. Il sole entrava dalle tendine di una camera pulita e ordinata. C'erano alcune persone accanto a me che mi hanno confortato e rifocillato. Ed ecco la spiegazione. Il giorno seguente agli eventi che ti ho descritto, uno dei contadini della zona è passato tra i campi e mi ha visto, ha chiamato aiuto; sono stato raccolto e curato. Non sono stato cosciente per quasi tre giorni, dalla tarda serata del 23 al pomeriggio del 26, cioè ieri. Mi dicono che gridassi e mi agitassi nel letto in un lago di sudore. Ho domandato del vecchio, ma sembra che sia sparito; nessuno l'ha più veduto nemmeno in osteria. Dopo un'altra notte e una mattina di cure, ho ringraziato il padrone di casa e l'ho convinto che ero in grado di partire. Oggi mi sono fatto aiutare a salire sul postale, poiché era l'unico mezzo disponibile, non avendo intenzione di aspettare un treno passeggeri. Tutte le mie proprietà sono rimaste alla pensione.

Ora certamente sai anche tu quello che è successo. La notte di S. Giovanni una ragazza innocente è morta con la fronte spaccata. Ho letto i quotidiani locali e ho appreso anche come è stato archiviato il caso. Se sono ancora in grado di comprendere un articolo di giornale, è andata così: la sera di S. Giovanni, un secondino della caserma di Anghiari ha casualmente lasciata aperta la cella del vagabondo. Lui ha fatto l'errore più grande della sua vita, non ha visto la trappola ed è scappato. Così il mattino dopo c'erano una donna morta e un assassino in libertà. Direttore, se quel vagabondo fosse stato in prigione al momento del fatto, il caso sarebbe stato da riaprire, e qualcuno avrebbe sussurrato un nome. Invece, adesso, il caso resta chiuso almeno per un anno. Ma un anno passa in fretta. E quando avranno impiccato un poveraccio cosa succederà, la prossima notte di S. Giovanni?

La visione che mi ha tolto il senno, in mezzo alla campagna, quanto è durata? Due secondi? Forse meno. Magari un contadino è passato di corsa e ha perso il giubbetto. Magari un grande telo incerato di quelli che si usano nei campi si è messo a sbatacchiare. E poi c'era il vento, la polvere che mi accecava. Né la distanza né il buio aiutano a vedere bene, e il fatto che fossi eccitato e suggestionabile ha fatto il resto.

Eppure io l'ho visto. Per un istante ho avuto negli occhi, se non nelle mani, il destino di quella ragazza sfortunata. Una poverina che non sapeva nulla di streghe, roghi e tristezza.

Ti scrivo questa lettera dalla stazione di posta di Borgopace. Stasera sarò ad Urbino e domattina avrai il pezzo che volevi. Non voglio anticiparti niente, ma credo che scriverò qualcosa sulla superstizione della gente, sui tempi che cambiano e sulla giustizia che, bene o male, fa il suo corso nonostante tutto.

Ti prego di accordarti con l'agenzia di nolo carrozze che ha un corrispondente ad Anghiari. Sarebbe gentile da parte loro, qualora dovessero passare da Ca' Matilde, recuperare le mie povere cose, compresi i vestiti e il cappello. Quanto ai documenti storici sul prete di Anghiari, che li restituiscano pure alla biblioteca. A me non servono più.

Non mi resta che salutarti e rimandare al momento del mio ritorno un fraterno

abbraccio.

Dalla stazione di posta di Borgopace, il tuo amico F. F.

Tigre

*"Che succedeva però
quando lei mi guardava..."*

Isidoro era di una bruttezza, possiamo dirlo, esemplare.

Al tempo in cui si svolge questa storia il vecchio Isidoro, detto il Bimbo, aveva meno di novantanove anni. Quanti di meno, non saprei dirlo. Forse non lo sapeva neanche lui.

Per comprendere la fisionomia e lo spirito di un uomo singolare, dobbiamo andare indietro nel tempo fino a trovare Isidoro bambino, sulle braccia della madre. All'età di un anno suonato, questo bimbetto la cui precoce bruttezza lasciava presagire qualcosa del futuro, disse una parola: *Bah.*

Con la parola *Bah* Isidoro inaugurò un'abitudine, che avrebbe conservato assieme alle attrattive estetiche del suo viso, fino alla fine della vita, concedendosi pochissime deroghe. L'abitudine di non pronunciare più d'una parola di seguito, mai, non importa quanto fosse complesso il concetto da esprimere. Erano molti, i difetti degli altri che lui disprezzava. Più di tutto detestava le persone volubili. Per Isidoro non era tollerabile cambiare idea. Chi si fosse macchiato di tale delitto era un pusillanime, un traditore e un farabutto. A un amichetto d'infanzia, colpevole di avere tolto le ruotine del triciclo, aveva rivolto l'accusa infamante di *voltagabbana.*

Perciò, per tornare al tempo in cui si svolge questa storia, alla bella età di meno di novantanove anni, Isidoro detto il Bimbo, dopo una vita passata a tirare di boxe, si era fatto una certa fama negli ultimi anni come allenatore di lotta libera; e mai, o quasi mai, che avesse infranto la sua regola ferrea. Univa così in modo indissolubile bruttezza e coerenza, tanto che sarebbe stato difficile stabilire quale di queste ottime virtù fosse la preponderante, poiché esse sembravano fare a gara per eccellere l'una rispetto all'altra, in tal modo rafforzandosi ogni giorno di più, e vicendevolmente.

Alle sette di sabato sera il Bimbo si recò nel palazzo dello sport di Rimini. Gli addetti delle televisioni stavano regolando le telecamere per l'incontro di lotta. Percorse la platea vuota e costeggiò il ring. Davanti allo spogliatoio, due uomini del servizio di vigilanza, che parlavano ad alta voce, vedendolo avvicinarsi tacquero rispettosamente finché non fu sparito in una porta dal nome misterioso. Dico misterioso perché un foglio, inguainato nel cellophane e attaccato a quella porta con quattro puntine da disegno, riportava il seguente nome: Tigre.

Chiusosi la strana porta dietro le spalle, tirò fuori da uno smisurato borsone l'olio per il massaggio. Dopo che l'ebbe stappato e se ne fu versato una quantità impressionante sulle mani, qualcuno entrò e lo salutò così: "Ciao, Bimbo."

"Bah!" rispose il Bimbo continuando a sfregarsi vigorosamente una mano contro l'altra.

Il nuovo arrivato, che altri non era se non il lottatore allenato dal Bimbo, era un omino che doveva voltarsi di taglio e abbassarsi per entrare da un comune portone di autorimessa. Di giorno lavorava come facchino all'hotel Imperiale di Rimini, mentre di sera lottava sul ring. Per dimensioni era assimilabile al cavallo d'un granatiere e, se pure non ne possedeva l'intuito, è da dire che il cavallo avrebbe perso gareggiando con lui in villosità. Nessuno, tra i numerosissimi spettatori che lo acclamavano, lo aveva mai veduto in volto, perché questo omino saliva sul ring indossando solo una calzamaglia nera e una maschera raffigurante una tigre della Malesia. E dato che, sia i suoi sostenitori sia il suo allenatore, lo chiamavano usando il nome d'arte di Tigre, d'ora in poi lo chiamerò così. D'altronde, se non fosse per motivi di correttezza sportiva, sarebbe quantomeno per necessità: non ho idea del suo vero nome, ammesso che ne avesse uno diverso.

"Che giornata! Non indovinerai mai, Bimbo, cosa mi è successo oggi!"

"Eh," disse il Bimbo.

Tigre si spogliò restando in mutande, infilò la calzamaglia nera e si distese sul lettino dei massaggi. Il lettino, per la verità, aveva cominciato a cigolare già quando aveva intravisto Tigre nell'atto di entrare nello spogliatoio. A questo punto articolò una serie di lamenti assai penosi, ma subito si rassegnò alla morte, nell'assoluta convinzione che sarebbe giunta quel giorno.

"Oggi, Bimbo," disse Tigre, "ho visto la donna più meravigliosa del mondo."

"Donne!" disse il Bimbo, cominciando a frizionare la schiena del suo pupillo come se fosse un tronco di pino da spaccare con le mani.

"Sì, alloggia all'albergo dove lavoro. Se tu l'avessi vista, Bimbo! Si chiama Lulù e viene da Madrid. È un confetto spagnolo. Sì, è proprio un confetto! È scesa da una macchina di classe, e io le ho portato le valigie fino all'ingresso. Dentro no, perché lo sai che non ci passo."

"Confetto!" disse il Bimbo con il volto rosso a furia di massaggiare.

"Ma sai una cosa buffa?"

"Molte."

"L'ho sentita mentre parlava con il direttore, là fuori. Io avevo in mano le sue valigie mentre lei parlava con il direttore. Sai cosa gli ha detto, Bimbo?"

"Fremo."

"No, non gli ha detto così. Gli ha detto da dove viene, che è in città per fare un giro turistico, e anche una cosa che non mi sono scordato. Gli ha detto (apri le orecchie, Bimbo), gli ha detto che stasera le sarebbe piaciuto andare a vedere la lotta! Proprio così! Ha detto che ha tanto sentito parlare del grande Tigre e ha voglia di vederlo! Capito, Bimbo? E io ero lì, ma non potevo mica dirle che ce l'aveva davanti, Tigre!"

"Puah!" disse il Bimbo, prese la rincorsa e balzò con le scarpe sulla schiena di Tigre, forse pensando che le mani non avessero la forza sufficiente a smuovere quella gran massa di muscoli e nervi. Il lettino, senza che nessuno l'avesse interpellato, cigolò con tono di supplica.

"Che faccia avrebbe fatto," continuò Tigre senza accorgersene, "te lo immagini? Ah! Se le avessi detto che ero io! Non ci avrebbe creduto, eh, Bimbo?"

"Confetto!" esclamò il Bimbo ballando il tip tap sulle scapole del lottatore e facendogli l'effetto che una zanzara può fare a un iguanodonte.

Mentre aveva luogo questa interessante conversazione, all'hotel Imperiale di Rimini si svolgeva una scena ancor più degna di attenzione. Una giovane signora, dall'accento chiaramente spagnolo e con un elegante e grandissimo cappello nero, domandò all'addetto della reception una busta e un foglio da lettere. Scrisse alcune righe con una grafia molto inclinata, chiuse la busta e la consegnò a un fattorino magrissimo.

Costui inforcò un motorino, lo accese pedalando per undici minuti scarsi, lo liberò quindi del cavalletto e partì a velocità spaventosa. Giunto al palazzo dello sport, scoprì che non gli era consentito di entrare, dato che era privo di biglietto e mancava poco più di un'ora all'inizio dell'incontro. Spiegò all'addetto della sicurezza che la busta doveva essere recapitata a mano. L'addetto della sicurezza prese la busta e si impegnò a consegnarla personalmente al destinatario. Il fattorino, rincuorato, dopo avere acceso non senza difficoltà il motorino, tornò a velocità criminale verso l'hotel.

"Hanno bussato, Bimbo," disse Tigre, perché effettivamente qualcuno aveva picchiato sulla porta dello spogliatoio.

"E!" gridò il Bimbo. Era il suo modo di domandare chi è, oppure di dire avanti.

Un tizio si affacciò: "Domando scusa, c'è una lettera per Tigre."

"Per me?" disse Tigre voltando la testa per istinto e scaraventando il Bimbo nella zona delle docce. Si alzò dal lettino (al quale sfuggì un sospiro) e prese la busta. Non era mai successo che gliene recapitassero una nello spogliatoio. Dal profumo sembrava provenire da una donna. Di ammiratrici ne aveva avute tante, ma una lettera nello spogliatoio…

"Oh, Bimbo, guarda qua!" disse con l'entusiasmo di un ragazzino. "È senz'altro di una donna, a giudicare dall'odore."

Sulla busta era scritto soltanto: *Señor Tigre, palazzo dello sport, Rimini.*

Il Bimbo replicò: "Donne!" poi si rialzò e si avvicinò a Tigre, pronto a stropicciarlo di nuovo. Ma questi gli disse: "Dai, Bimbo, basta con i massaggi. Tra poco comincia l'incontro. Ma chi sarà mai?"

"Leggi!" suggerì l'allenatore.

So che è difficile da credere ma, a questo punto, l'omino di nome Tigre aprì la busta e sfilò la lettera, che diceva più o meno così:

Señor Tigre,
voglia perdonare la mia sfacciataggine, e non mi giudichi male se le invio questo biglietto. Spero che sarà anche tanto gentile da perdonare i molti errori d'ortografia. Chi le scrive, infatti, non è una donna italiana, ma nata in Spagna.
Nel mio Paese, Señor, ho sentito molto parlare delle sue doti; stasera sarà un grande piacere per me poterla vedere di persona esibirsi sul ring.
Ho la presunzione di sperare che lei, dopo l'incontro che la vedrà vincitore, vorrà approfondire la conoscenza con una donna che forse, tra le sue estimatrici, non è la più brutta né la meno passionale.
Se non riderà di questa proposta, sarei lieta di incontrarla all'Hotel Imperiale di Rimini, camera 234. Così soddisferà la piccola curiosità di sapere se ne valesse la pena e regalerà un'immensa gioia a colei che ha l'onore di dichiararsi
sua
devota ammiratrice
Lulù Abellan Albertos

"Oh, mamma mia," disse Tigre con lo sguardo nel vuoto.

Il Bimbo tese la mano con sguardo interrogativo: "Be'?"

Il lottatore gli passò la lettera, che lui lesse senza muovere un muscolo della faccia. "Donne!" esclamò infine. Mancava solo mezz'ora all'inizio dell'incontro. L'allenatore fece gli ultimi preparativi lavorando sui polpacci di Tigre come se fossero stati due sacchi da pugile, tirò fuori dalla borsa la maschera della Malesia e ripose il bottiglione dell'olio per massaggi; Tigre rimase con lo sguardo perso nel vuoto, forse ripensando a un confetto spagnolo visto di sfuggita.

L'idea che una donna come quella potesse averlo invitato a un incontro galante era difficile da afferrare nella sua complessità. Non che le donne gli mancassero, ma non aveva mai provato, prima, quella sensazione di rapimento misto a prurito dietro i sopraccigli. Con fastidio, si accorse di non riuscire a determinare se fosse più grande la paura di andare a quell'appuntamento, o quella di farsi indurre dal panico a non presentarsi.

Adesso, il narratore di questa storia potrebbe lanciarsi in una serie infinita di paragoni e di iperboli, potrebbe citare Caio e Sempronio, rimandare il lettore a un certo passo di un'opera del Tal Dei Tali, ammiccare furbescamente e usare mille altre astuzie. Ma, senza contare che il narratore non è capace di fare niente del genere, si tratterebbe di un'inutile perdita di tempo. Dirò invece senza giri di parole che Tigre, per la prima volta, si era innamorato come un colombo.

Intanto, il palazzetto si era rapidamente riempito. Alcuni venditori di pop corn si aprivano la strada a fatica tra le gambe degli spettatori impazienti sugli spalti, altri sgomitavano nella ressa proprio sotto al ring. Sulla pedana della stampa, le telecamere delle tv straniere avevano rubato il posto in prima fila alle emittenti nazionali, mentre sull'ultima striscia di mezzo metro erano stati cacciati gli operatori televisivi locali. Questi disgraziati avevano escogitato alcuni stratagemmi pur di riuscire a catturare qualche immagine, come il trucco di issare le telecamere in cima a certe prolunghe improvvisate fatte di manici di scopa e nastro adesivo.

Dieci minuti prima delle nove, ora d'inizio del match, alcune voci scandirono: "Tigre! Tigre! Tigre!"

Si sa che l'entusiasmo, soprattutto se ampiamente giustificato, è una malattia contagiosa. Quando l'arbitro si arrampicò sul ring con un microfono in mano, più di tre quarti degli spettatori gridavano lo stesso nome. Da due anni Tigre era l'attrazione principale, e nessuno ricordava di averlo mai visto uscire dal ring con l'andatura del perdente. Non c'era stato sfidante a cui non avesse regalato almeno un paio di fratture e un numero incalcolabile di contusioni, non solo sulla testa e negli arti principali, ma anche sulle parti del corpo più originali, e a danno degli organi interni più strambi che si possano immaginare.

Quella sera gareggiava con un ometto non inferiore a lui per stazza, il cui cappuccio raffigurava la testa di un gorilla. Era così realistica la maschera di questo sfidante, di cui ho dimenticato il nome e che chiamerò Gorilla, che l'arbitro dovette sentirlo parlare per convincersi che si trattasse davvero di un essere umano.

"Allora," gli disse, "hai capito bene le regole?"

"Uh!" rispose Gorilla.

"Va bene," disse l'arbitro, "sei tu."

L'incontro ebbe inizio. Il Bimbo, come suo solito, era appollaiato all'angolo e si reggeva alle corde come un bradipo. I due sfidanti non si studiarono, ma passarono immediatamente all'attacco e si scontrarono con grande fragore al centro del ring. Ad ogni colpo incassato da Tigre, il Bimbo lo incitava con un: "Buonanotte!"

Quando invece era il suo pupillo a torcere qualche organo esterno dell'avversario, spalancava gli occhietti e cercava di moderare l'incontro sbraitando: "Massacralo!"

Il pubblico non si era mai divertito tanto. Tigre era in forma strepitosa. Infatti, ad ogni ossicino del Gorilla che si sbriciolava, guardava verso gli spalti nella speranza di scorgere un cappello nero e un visino da confetto. Sapere che la sua ammiratrice lo applaudiva sembrava moltiplicare le sue forze, che già normalmente erano degne di qualche rispetto.

Il Gorilla, in un ultimo disperato tentativo, non certo di vittoria, ma almeno di sconfitta decorosa, si lanciò verso Tigre facendo perno sull'unico ginocchio rimasto integro. Ma, proprio in quell'istante, a Tigre sembrò di vedere brillare gli occhi della spagnola tra le tante teste urlanti del pubblico. Così, il Gorilla scoprì che l'impresa in cui si era imbarcato, che sarebbe stata titanica in una sera qualsiasi, quella volta poteva solo trasformarsi in una catastrofe. Tigre gli afferrò un polso e una caviglia, realizzando con quelle estremità un nodo *a gassa* così perfetto, che il marinaio più pignolo non avrebbe avuto di che lamentarsi. L'incontro si concluse con la più grande ovazione mai ricevuta da Tigre, il che contribuì a fare di quella sera un momento memorabile, anche in virtù di ciò che stava per accadere.

Nello spogliatoio, Tigre fu tanto svelto a togliersi la calzamaglia, sfilarsi la maschera felina e infilarsi nella doccia, che fece tutte queste cose contemporaneamente.

"Piano!" disse il Bimbo.

"Oh, Bimbo," disse Tigre sfregandosi una saponetta sul torace smisurato, "tra poco la vedrò!"
"Già."

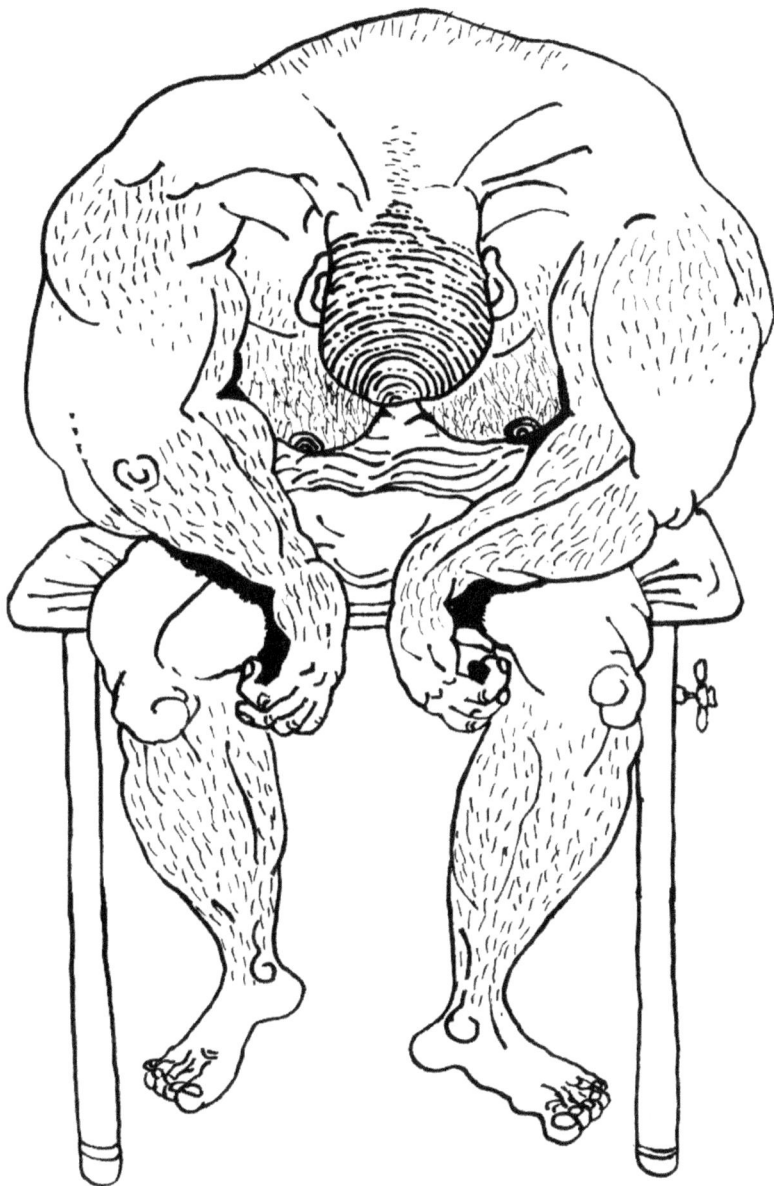

"Sono emozionato, sai, Bimbo."

"Patacca."

"Mi tremano le gambe. Chissà se stasera le sono piaciuto. Tu che dici, Bimbo? Le sarò piaciuto?"

"Saperlo."

Tigre si asciugò in fretta e si vestì. Al momento di uscire: "Ci vediamo, Bimbo," disse, "io vado a trovare il mio confetto di Madrid!"

"Hasta."

Non è bello entrare come guardoni nella vita privata di un gentiluomo. Perciò, non chiedetemi di dilungarmi in dettagli imbarazzanti.

Dirò solo che Tigre bussò alla porta della camera 234, porta che una deliziosa manina aprì. La proprietaria di quella manina non si accorse che la faccia di Tigre era la stessa di un facchino dell'hotel in cui lei alloggiava. Una bottiglia di spumante francese fu stappata.

Ma, da quel momento in avanti, le cose non andarono affatto come Tigre si aspettava. Se fosse più complice lo spumante, o l'emozione di trovarsi a tu per tu con quella bellezza esotica, non si può dire. A volte succede che un lottatore, che sta per conseguire una vittoria per cui ha sudato a lungo, non appena vede che il suo avversario si dichiara battuto e attende il colpo risolutore, si distrae, perde la concentrazione, le forze gli vengono meno e la vittoria si trasforma in sconfitta. La signorina chiamata Lulù era salita, per così dire, sul ring con Tigre, ma non aveva messo in programma una lotta all'ultimo sangue. Era determinata anzi a capitolare subito, oserei dire a prescindere. Si trovava, come capita a molte, nella posizione assai fortunata di quei pugili che sfidano senza speranza un campione. La vittoria, in questi casi, non è contemplata; ma la borsa prevista per il perdente è abbastanza attraente da accettare il match, e non abbastanza da aspettare la fine del primo round per lasciarsi cadere al tappeto. La bella Lulù, poi, aveva il vizio di portare scarpe di un tipo particolare, che avevano i tacchi assai più corti di quanto sarebbe servito per conservare l'equilibrio, così che faticava parecchio a mantenere a lungo la posizione verticale. Cadere supina al tappeto era per lei una consuetudine inveterata.

Quando si rese conto che il campione che doveva stenderla gettava la spugna prima dell'inizio, fu presa da un certo fastidio, perché Lulù non provava simpatia per quei successi che incoronano di alloro le campionesse di virtù.

Accontentiamoci allora di seguire i passi mogi di Tigre dalla camera 234 all'uscio di servizio dell'hotel, che lui conosceva bene, fino al retro delle cucine. Tigre si sedette tristemente sopra un bidone dell'immondizia e si apprestò ad attendere l'arrivo del mattino, dato che non mancavano più di due ore. Svolse il suo turno di facchino e la mattinata passò lentamente. Nel pomeriggio, prese congedo come al solito dall'hotel e fece, meccanicamente, la strada fino alla palestra. Il Bimbo, come tutti i pomeriggi, lo aspettava sfregandosi le mani e tentando, con una determinazione stupefacente, di spellarsele per sempre e senza rimedio.

"Olè," disse il Bimbo.

Tigre non rispose ma cominciò a spogliarsi in silenzio.

"Olè," ripeté il Bimbo, sporgendo il naso al di sopra di una spalla per scrutarlo. Ma visto che dal campione non arrivava né una risposta né uno sguardo, gli saltellò davanti. "Allora?"

"Non mi chiedere niente," gli rispose cupo Tigre. Prese quindi a tirare certi sganassoni a un sacco che era lì apposta, e certe ginocchiate, da far incassare la testa tra le spalle di chiunque l'avesse visto. Dopo un centinaio di colpi, il Bimbo lo sollecitò nuovamente: "Allora?"

"Oh, Bimbo, che disastro!" disse Tigre, poi gli raccontò per filo e per segno del suo terribile insuccesso della notte precedente.

"Capita."

"Ma a me, Bimbo, non era mai capitato!"

"Balle!"

"Ah, come sto male! Non so se stasera sia il caso di lottare."

"Scherzi?"

"Dico sul serio, Bimbo. Non ho la concentrazione. Chi dovrei incontrare, stasera?"

"Rinoceronte."

"Oh, siamo vecchi amici. Capirà."

"Tivù!"

"Lo so, lo so. Abbiamo un accordo con la televisione. Va bene, Bimbo. Stasera combatto. Ma non te la prendere se la tengo breve. Credo che lo stenderò subito. Non è serata per stare in compagnia."

"Spagnola?"

"Sì, credo che verrà a vedermi anche stasera."

"Dopo?"

"Dopo, mi ha chiesto di raggiungerla nuovamente in hotel. Che il cielo me la mandi buona!"

"Tranquillo."

"Ma non posso fallire anche stasera, Bimbo. Mi piace davvero quella donna! Credo di esserne innamorato."

"Bum!"

"Tu non puoi capire," disse Tigre. Si stese poi sul lettino per farsi massaggiare via i pensieri di sconfitta.

"Donne!" gridò il Bimbo. Con un tuffo si lanciò sul collo del campione, consolandolo a modo suo e stirandogli la coppa con le suole delle scarpe.

L'incontro di quella sera non era importante come il precedente, ma il palazzetto era quasi pieno di tifosi. La maggior parte di loro si sgolava per Tigre.

Il gentiluomo di nome Rinoceronte, con una maschera di gomma dall'enorme corno e le braghette lillà, scoprì con meraviglia che Tigre era meno propenso del solito a schiacciarlo sul tappeto, e non aveva la solita voglia di piegargli al contrario le giunture delle braccia. In alcune occasioni, addirittura Tigre scaraventò l'avversario contro il tavolo dei giudici senza provocargli lacerazioni importanti in nessuna area del cranio.

Un brivido corse lungo le seggiole della platea. Qualcosa di molto strano stava accadendo al campione. A nulla valse lo sforzo dei tifosi, i quali si consumarono la voce senza suscitare in Tigre lo slancio che l'avrebbe reso di nuovo riconoscibile. L'incontro, incredibile a dirsi, si concluse in parità. I giudici, pur riconoscendo che i danni riportati da Rinoceronte erano ben più gravi e più difficilmente sanabili di quelli subiti da Tigre, non poterono assegnare la vittoria a quest'ultimo, secondo le inflessibili leggi della lotta libera.

Anche quella sera, come la precedente, Tigre trovò il coraggio per affrontare la spagnola di nome Lulù. Ma la maledizione non l'aveva abbandonato.

"Eccoci di nuovo qui," gli disse lei dopo la terza coppa di spumante francese. Stavolta aveva un vestito di tulle nero, che ondeggiava ad ogni movimento del suo corpo spagnolo. Si avvicinò a Tigre e, guardandolo fisso, sganciò i fermagli del vestito, che così non fu più in grado di ondeggiare, ammassato com'era sul pavimento. Ed ecco che, come la sera precedente, al povero Tigre si sciolsero i ginocchi. Gli venne una voglia incontenibile di parlare con Lulù per descriverle il prurito dietro i sopraccigli che lo prendeva ogni volta che la incontrava, o anche solo ogni volta che pensava a lei. Avrebbe voluto che lei accettasse la sua deferente compagnia.

Ma la compagnia che Tigre poteva offrire alla dama era di un genere che lei apprezzava poco, ché avrebbe potuto ottenerne una simile da un'amica, e una di qualità molto superiore da parecchi altri uomini in apparenza più gracili di lui.

Il povero Tigre uscì per la seconda volta dalla camera di Lulù strascicando i piedi e guardando la moquette del corridoio. Mille pensieri si affollavano nella sua mente, ma soprattutto molte domande. Era dunque tutto finito? I suoi successi con le donne, le sue vittorie sul ring, la sua fama? Era drammatico che la rovina l'avesse colto proprio quando aveva conosciuto una donna così straordinaria. E tra queste due cose c'era qualche relazione? La spagnola, prima di congedarlo, gli aveva concesso un'ultima occasione di riscatto, addebitando la débâcle al caso e alla stanchezza. Avevano appuntamento il sabato successivo dopo l'incontro.

Per tutta la settimana, Tigre si recò regolarmente agli allenamenti in palestra, ma senza prestare attenzione a cosa succedesse davvero, con la testa persa in qualche mondo lontano.

Lunedì, dopo avere picchiato di destro sul sacco, esso percorse una lunga parabola e al ritorno investì in pieno Tigre, lasciandolo riverso sul pavimento in una posizione che il suo fisiatra giudicò subito preoccupante. Martedì fu battuto ai punti in un incontro amichevole con il suo compagno di scuderia, un certo Zebra. Mercoledì Zebra replicò il successo e riuscì a umiliare Tigre imprigionandolo in una presa da principianti. Giovedì non fu capace di uscire da una leva articolare al dito indice, durante una sessione di allenamento con i novellini della palestra. Venerdì, con i nervi a pezzi, ingaggiò un'accesa discussione con la signora delle pulizie per una questione di polvere negli armadietti; discussione che sfociò ben presto in rissa e provocò a Tigre la rottura dell'elastico della calzamaglia.

Sabato mattina, finito il turno all'hotel, andò a pranzo come al solito alla mensa. La bella Lulù non si era fatta vedere per tutta la settimana nella hall. Gli uscieri, informati per mestiere, riferivano che la dama faceva le ore piccole. Sulla sua porta c'era la raccomandazione di non disturbarla, in genere fino a mezzogiorno e a volte anche oltre. Tigre sentì il bisogno di parlare con qualcuno. Il Bimbo, durante i disastrosi allenamenti della settimana, l'aveva sempre rincuorato a modo suo. Tutto sommato, era il solo amico che possedesse al mondo. Lo chiamò al telefono.

"E," disse il Bimbo.

"Sono io, Bimbo. Ti disturbo?"

"Ormai."

"Senti, ti devo parlare. Sono a pezzi."

"Quanti?"

"Per piacere, vieni alla palestra, va bene?"

"Arrivo."

Nella palestra c'era una penombra dovuta alle schermature sulle finestre. La luce del giorno filtrava a larghe strisce e si fermava sopra i sacchi, le corde del ring, i bilancieri e tutti gli attrezzi del mestiere dei lottatori. Quando la bruttezza del Bimbo entrò nella grande sala, il Tigre era seduto sopra una panca; pareva la sagoma di un camion della spazzatura parcheggiato e solitario.

"Ciao, Bimbo," disse all'allenatore quando lo vide entrare.

"Allora?" domandò il Bimbo, sedendosi accanto al suo pupillo.

"Bimbo, così non posso andare avanti. Lo sai anche tu. Non so cosa mi stia succedendo."

"Donne!"

"Quando salgo sul ring, non sono più io. E stasera c'è l'incontro con Pitone. Credi che ne uscirò?"

"Triturato."

"Ma non è questo il peggio: dopo l'incontro, Lulù mi aspetta!"

"Purtroppo."

"Come posso fare, Bimbo? C'è una soluzione?"

"Lasciala!"

"Se c'è, ti prego di rivelarmela. Di te mi fido, lo sai. Come faccio a ritrovare la fiducia in me stesso?"

"Lasciala!" ripetè il Bimbo.

"Ma chi?"

"Olé."

"La spagnola? Intendi che dovrei lasciare Lulù? Sei pazzo?"

"Subito."

"Ma non posso lasciarla, Bimbo! Io la adoro!"

"Appunto."

"Mi chiedi di fare una cosa quasi impossibile. E questo sarebbe il rimedio ai miei problemi?"

"Infallibile."

"Come farò senza Lulù, Bimbo?"

"Senza."

"Forse hai ragione. Ma se la lascio, non la rivedrò più. Ci hai pensato, a questo?"

"Intensamente"

"Tu dici che potremo restare amici? Lo sopporterà?"

"Probabilissimo."

"Non ho il coraggio di dirglielo."

"Scrivilo."

"Hai ragione! Le scriverò una lettera! Proprio come fece lei una settimana fa."

A questo punto, il Bimbo tirò fuori da chissà quale tasca la fattura d'un fornitore, la girò sottosopra e, porgendo una biro a Tigre: "Scrivi!" disse.

"Io ci provo, Bimbo. Vediamo, come posso dirglielo? Le spezzerò il cuore."

"Forse," disse il Bimbo con espressione dubbiosa.

Tigre posò il foglietto sulla panca. Alla debole luce della palestra scrisse questa lettera:

per la signorina Lulù Abellan Albertos, Hotel Imperiale di Rimini, camera 234

Cara Lulù,

scusami se te lo scrivo, ma non posso dirtelo di persona.

Da quando ti ho vista mi è successo qualcosa di strano e di terribile. Non sono più capace di lottare, né sul ring né fuori. Tu sai cosa intendo.

E dato che prima di conoscerti ero un buon lottatore, posso solo pensare che tu abbia avuto sulla mia vita, senza volerlo, un'influenza negativa.

Ecco perché, d'accordo con il mio allenatore, ho deciso di lasciarti. So che per te è un brutto colpo, ma spero che conserverai per sempre un buon ricordo del

tuo amico devoto

Tigre

"Bimbo," disse al suo allenatore passandosi una manica sugli occhi, "per piacere, vai tu a consegnargliela. Io non ce la faccio."

"Bene," disse il Bimbo, prese il foglietto e si alzò. Prima di avviarsi verso l'uscita, pose una mano sull'enorme spalla di Tigre senza dire una parola.

Si recò all'hotel Imperiale. Parcheggiò l'auto, attraversò il grande vestibolo e prese l'ascensore. Arrivato davanti alla camera 234 si comportò in modo strano: accartocciò il foglietto scritto da Tigre e se lo ficcò in tasca. Sulla porta c'era il cartello *Non Disturbare*. Il Bimbo bussò. Dopo un minuto, bussò di nuovo con insistenza. Un uomo aprì la porta. Sembrava che provenisse dalla doccia, perché il suo unico indumento era un asciugamano arrotolato intorno ai fianchi.

"Desidera?"

"La signorina Lulù, per favore," rispose il Bimbo.

L'uomo si voltò ma non si mosse dalla porta. "Lulù, ti cercano," disse a qualcuno.

Quindi si ritrasse e al suo posto comparve una mora dagli occhi vivaci, in vestaglia nera e con i piedi scalzi.

"Lei chi è?" domandò al Bimbo con l'espressione di chi è stato disturbato.

"Un amico di Tigre. Permette una parola? Sarò breve. È importante."

La mora guardò nella stanza, dove il tizio arrotolato nell'asciugamano si era messo a guardare la televisione.

"Dica."

"Lei ha una relazione con Tigre. Signorina, la cosa deve interrompersi qui. Vede, non ignoro che il mio amico ha subìto un paio di sconfitte, qui da lei. Ma Tigre è una persona fragile: un altro insuccesso lo abbatterà per sempre."

"Sì," disse sprezzante Lulù, "non è che il suo amico si sia distinto."

"Quanto sperava di scucirgli?"

"Cosa vuole dire?"

"Quello che ho detto. Senta, Lulù, ammesso che lei si chiami davvero così, Tigre è un pezzo di pane; ma se lui è ingenuo, io ho gli occhi aperti e lei non è una donna comune."

"In che senso?"

"Veda, signorina, Tigre non ha molti soldi. Forse non lo sa, ma lavora come facchino in questo hotel. Se non l'ha mai visto è perché lui fa il turno del mattino, proprio mentre lei fa un uso smodato di asciugamani."

"È impossibile!"

"Perché? Credeva che i lottatori guadagnassero come gli assi del tennis? Forse in Spagna. Non gli avrebbe spillato un quattrino bucato. Quindi, dato che non può trarne nulla da questo verso e nemmeno dall'altro, perché non lo lascia perdere e non si accontenta dei suoi asciugamani farciti?"

"Perché mi viene a raccontare queste cose?"

"Sono affari miei. Mi dia retta: stasera lo riceva, ma gli dica che è l'ultima volta. Conviene a entrambi. Questo è per il suo disturbo," le disse allungandole una busta rigonfia.

Poi, senza attendere risposta, voltò le spalle alla bella spagnola sulla porta e rifece tutta la strada, giù nella hall, poi in auto fino alla palestra.

Tigre non si era mosso. Quando vide il Bimbo gli andò incontro.

"Fatto?" gli domandò.

"Fatto," rispose il Bimbo.

"L'ha letto? Come l'ha presa?"

"Avidamente."

"Mi fa piacere. Sai, Bimbo, mentre eri via ci ho pensato. È meglio che sia andata così. Sapere che da qualche parte c'è una donna innamorata di me mi impedisce di concentrarmi, di fare qualsiasi cosa. È per questo che cominciavo a perdere colpi sul ring! Ne sono certo!"

"Già."

"Ma lei, era molto triste?"

"Moltissimo."

"Ha detto che non vuole più incontrarmi? Sarebbe da capire."

"Stasera."

"Benone! Così le spiegherò tutto con calma. L'importante è che tu l'abbia preparata."

"Profumatamente."

"Ah, Bimbo, mi sento già meglio! Più leggero! Tu no?"

"Leggerissimo."

"Mi sembra di rinascere. Chi l'avrebbe mai detto?"

"Io."

"Solo oggi mi sentivo così lusingato del suo amore, ora invece capisco che dovevamo assolutamente lasciarci, prima o poi."

"Inevitabilmente."

"Anzi, credo che se non l'avessi fatto io, presto lei mi avrebbe anticipato."

"Gratis?"

"In che senso? Non capisco."

"Andiamo!" disse il Bimbo drizzandosi di scatto e indicando l'orologio. Erano già le sette del pomeriggio. C'era solo il tempo di mangiare un panino al bar e di correre al palazzo dello sport.

La sera, nello spogliatoio si svolse il solito rito. Il Bimbo ballò la rumba sulla spina dorsale del lottatore, senza che questi sentisse più che una carezza. Poi il Tigre si infilò la maschera e si guardò allo specchio. Con la calzamaglia, il corpo unto di abbondante olio e la faccia da tigre della Malesia, aveva un aspetto terrificante.

"Bimbo," disse, "stasera sono una belva!"

"Vedo," disse il Bimbo.

"So che la spagnola è venuta anche stavolta; lo sento. Spero che mi guardi bene, perché ho intenzione di fare faville! Oh, Bimbo, sono un uomo libero! Non mi sono mai sentito così..." disse, cercando le parole, "...potente e felice. Dopo l'incontro, credo che sarà felice anche lei! Ma sarà l'ultima volta, Bimbo, non ci cascherò di nuovo! Sarebbe stupido e..."

"Antieconomico," disse il Bimbo.

"Già. Senti, Bimbo, che mi chiamano?"

Dagli spalti, l'urlo aveva contagiato quasi tutti gli spettatori, e non erano molti quelli che non gridassero: "Tigre! Tigre! Tigre!"

"Stasera sono una bomba!" disse Tigre. Spalancò l'uscio e si lanciò fuori dello spogliatoio, accolto dal boato assordante del pubblico. Il suo avversario era già sul ring, ma quando lo vide arrivare sembrò rimpicciolire nel suo angolo.

Isidoro detto il Bimbo lo lasciò andare avanti un po' a prendersi la sua ovazione, poi con calma uscì anche lui, richiuse la porta dello spogliatoio e: "Bum!" disse a scoppio ritardato. Quindi si incamminò verso il ring, dove il suo pupillo, come un bambino, già lo cercava con lo sguardo.

Fango

"Fango sulle ginocchia
fango dentro le ossa
fango perfino dentro al cervello..."

La città di Nord-al-Baqri si estende dalle alture fumanti di
Al-Alpì fino alla pianura riarsa di Levante, così detta perché da
sopra quell'oceano rovente di detriti si potrebbe vedere, se l'aria
non fosse nera, il sole ogni mattino. Uno dei quartieri che la com-
pongono si chiama B-Milano e, fino a trent'anni fa, secondo
l'archivio dei clan, costituiva una città a parte. Fu amata da
Stendh-Al, un celebre poeta del passato dai gusti romantici e ma-
cabri, le cui opere, naturalmente, sono andate distrutte. Al centro
di questa zona nera, un grosso canale di scolo, o naviglio, riceve i
residui fangosi dei termoconvertitori, che dai rifiuti umani rica-
vano cibo di buona qualità ed energia per la refrigerazione. Proprio a ridosso del naviglio sorge il Paradiso della Carne di Abdullah Al-Bramb-Ilah. È composto dai magazzini dove ogni giorno l'elettrotreno compie le operazioni di scarico, da uno spiazzo
per le contrattazioni del martedì e dagli uffici amministrativi.

Sono quasi le cinque del pomeriggio, ora di chiusura del Paradiso della Carne. La signora Fatima ripone le fatture dei grossi-
sti nell'apposita sezione dello schedario e chiude la contabilità
con un gesto preciso delle ciglia. La signora Fatima è responsabile dell'amministrazione per conto del signor Abdullah fin dal
2054, in pratica si può dire che sia invecchiata insieme all'azien-
da. È molto meticolosa, soprattutto il giovedì. Detesta trovare
l'ufficio in disordine il sabato successivo alla ripresa del lavoro.
Il signor Al-Bramb-Ilah entra nell'ufficio con un panino in una
mano. Alla bella età di un secolo ha ancora un ottimo aspetto, anche se i capelli sulle tempie sono grigi e la cima del cranio sembra una scultura di mogano levigato.

"Vada pure, Fatima," dice masticando, "ormai non dovrebbe
venire più nessuno."

"Sì, signore," risponde la vecchia impiegata, "volevo terminare di fare ordine nell'archivio. Lo sa, come amo la precisione."

"Senta, è da stamattina che glielo volevo chiedere: è per caso un giorno speciale, oggi? Non l'ho mai vista così elegante. Il suo burqa è molto grazioso."

"Oh, signor Al-Bramb-Ilah," dice lei al monitor interno del suo burqua di colore celeste con ricami lilla, "sono contenta che l'abbia notato. In effetti è il compleanno del mio nipotino."

"Se è così, vada pure. Qui ci penso io. Buon venerdì."

"Buon venerdì," dice Fatima nel microfono del burqa, "e grazie, signor Al-Bramb-Ilah."

Si posiziona il filtro tracheale, accende l'impianto di refrigerazione del burqa ed esce nell'aria irrespirabile. Il signor Abdullah finisce il panino, spegne i terminali e si accinge ad uscire dall'ufficio. Ma, un istante prima, dalla vetrata vede entrare sul piazzale un uomo. Deve trattarsi di un cliente. Il signor Abdullah si sistema la tuta refrigerante all'ultima moda guardandosi in uno specchio, inghiotte il filtro tracheale, indossa la calotta in lattice sul capo ed esce sul piazzale. Il cliente ha una tuta arancione di vecchio modello, ma dai modi e dal portamento sembra un benestante.

"Benvenuto al Paradiso della Carne, signore! Se cerca un articolo per la famiglia o per la cena aziendale, il Paradiso della Carne è il posto giusto per lei. Qui troverà un vastissimo assortimento. È fortunato ad averci trovati aperti, perché in effetti chiudiamo alle cinque. Ma per lei, signore, il mio magazzino è a sua disposizione finché non avrà trovato l'articolo che fa al caso suo!"

"Grazie," dice il cliente guardandosi intorno, "veramente è per l'anniversario di nozze. Vorrei allestire una cena per tutta la famiglia e pensavo di acquistare…"

"Non dica di più, signore! Comprendo perfettamente! Se vuole seguirmi, signore, da questa parte, prego."

Il magazzino, come lo chiama il signor Al-Bramb-Ilah, è in realtà un vetusto capannone di cementite chiuso su tre lati. Addossate alle pareti, le gabbie sono disposte su più file orizzontali e sembrano occupare tutto lo spazio disponibile. Al centro, uno stretto passaggio si snoda tra paurosi mucchi di escrementi e altri rifiuti fangosi la cui natura è insondabile. La fioca luce di tre o quattro plafoniere giallastre permette appena di intravedere le figure che gemono e brontolano miseramente, al riparo delle sbarre di gabbioni che hanno conosciuto molto bene l'effetto dell'ossidazione.

I due personaggi, il signor Al-Bramb-Ilah e il suo cliente, si aggirano nell'aria nera. Le loro teste inguainate nel lattice refrigerante brillano alla luce delle plafoniere come candele fluttuanti in quello spazio enorme. Finalmente, il titolare si ferma e protende una mano guantata ad afferrare una gabbia.

"Ecco, signore," dice col suo migliore sorriso, "due esemplari appena arrivati dall'allevamento di F-Como, quartiere famoso per l'ottima qualità dei prodotti. Noterà la perfezione degli articoli: articoli eccellenti, magnifici!"

Una volta messa in luce, la gabbia rivela il suo contenuto, sotto forma di due bimbetti terrorizzati di circa cinque anni d'età. Quasi ricoperti di fango, si abbracciano l'un l'altro, nonostante il calore tremendo, per infondersi un po' di coraggio.

"Vede, sono leggermente ricoperti di sudore. Ma capirà, signore, che non possiamo permetterci un impianto di refrigerazione nel magazzino. Figuriamoci, già si vende con un margine minimo, praticamente a prezzi di ingrosso…"

"Sì, sì, capisco," dice il cliente osservando avidamente i due bimbi come se volesse accertarsi di non essere imbrogliato dal commerciante circa l'assenza di difetti fisici. "E cosa mi dice sull'età?"

"Oh, sono assai giovani entrambi. Sì, perché sono gemelli. La più bella coppia di articoli di allevamento che si siano mai visti! Appena tre anni, signore, e la loro carne, le assicuro, è burro!"

"Mi sembravano più vecchi. Il prezzo?"

"Signore, solo perché è l'ultimo cliente di oggi, signore, venticinque mondi l'uno. Signore, sono regalati."

"Non direi! A me sembrano un po' cari. È sicuro che siano di allevamento?"

"Signore!"

"Non si sa mai. Sono molto fiscale su queste cose."

"Signore, lei mi offende!" esclama il signor Al-Bramb-Ilah. "Accusarmi di contrabbandare bambini naturali! Andiamo!"

"Va bene, va bene. Ne prendo uno. Però non le darò più di diciotto mondi. Ed è già tanto."

Dopo questa richiesta insultante, il signor Al-Bramb-Ilah è più volte sul punto di svenire per l'indignazione, ma dopo la giusta dose di contrattazioni accetta il prezzo (comunque, a suo dire, al di sotto del valore dell'articolo) di ventuno mondi e mezzo. Infila una mano nella gabbia per afferrare il braccio di uno dei due bimbetti. Egli, sentendo che qualcuno lo strappa all'abbraccio del fratello, troppo terrorizzato per emettere suoni, si limita a spalancare la bocca e gli occhi. L'altro invece prende a strillare e a piangere disperatamente.

"Vivo o morto?" domanda il buon signor Al-Bramb-Ilah dopo avere richiuso la gabbia e avere tentato, senza riuscirci, di zittire l'altro bambino con un calcio. Anzi, il pianto del prigioniero della gabbietta è imitato quasi all'unisono dagli altri reclusi nell'immenso capannone.

Gridando per farsi sentire in quel frastuono, il cliente comunica al signor Al-Bramb-Ilah che desidera provvedere lui stesso alla macellazione, grazie.

I due escono dall'infernale magazzino trascinando i piedi nel fango che regna sovrano; il denaro cambia proprietario, si stringono la mano guantata e il cliente si allontana con un voluminoso sacco sulla spalla, che non la smette di agitarsi in modo convulso.

Ma mentre il buon signor Al-Bramb-Ilah si accinge a chiudere il cancello di ghisa del magazzino, felice per quell'ultima inaspettata vendita, qualcuno lo osserva da dietro un cumulo di bidoni pieni di fango e detriti. Non è un disperato alla ricerca di qualche spicciolo, perché nella mano stringe una pistola. Subito prima che il vecchio commerciante si volti per uscire dal Paradiso della Carne, in due salti gli è alle spalle. Solleva l'arma e la punta alla nuca del signor Al-Bramb-Ilah.

Uno sparo echeggia sopra la distesa di rifiuti macinati che circonda il Paradiso della Carne e il bordo del naviglio. L'assassino, che indossa un paio di vecchi scarponi militari, si allontana di corsa e scompare in fretta tra le baracche di ferro arrugginito del centro di B-Milano.

.

Quando mi arrivò la chiamata stavo giocando a elettro-scacchi nel mio caffè preferito con un collega irlandese. Non sopporto di essere interrotto durante una partita di elettro-scacchi. Erano le cinque e trenta di un brutto giovedì pomeriggio. Una pioggia fastidiosa imbrattava ogni cosa di nero, come se piovesse inchiostro. Ascoltai la suoneria mentale per un po', finché non diventò decisamente troppo molesta. Rimpiansi l'epoca di mio nonno in cui, se qualcuno ti chiamava al telefono, questo ti squillava in tasca, non dentro al cervello. Ma ero in servizio: alla fine risposi.

"Che c'è?"

"Tautab, sono il capitano Marid. Abbiamo un omicidio a B-Milano, presso il naviglio. È avvenuto in un negozio che si chiama Paradiso della Carne."

"Conosco. Che è successo?"

"Non so bene. Una ronda ha trovato il proprietario morto con un buco in testa. Vai là e scopri se è un omicidio legale."

"Capitano, devo attraversare G-Varese per un omicidio? Perché non manda Alivs, che è così bravino nei casi di omicidio illegale? Poi le farà anche una bella relazione scritta da dare alla compagnia assicurativa."

"Infatti, lui sta arrivando. In questa indagine lavorate insieme. Muoviti."

Riattaccò. Il capo era un mago nel rovinare una partita di elettro-scacchi.

Presi controvoglia la aliante e mi diressi verso B-Milano. Conoscevo il Paradiso della Carne, ci avevo comperato qualche bell'articolo. Sul posto erano solo i due agenti della ronda, che avevano avuto il buon senso di non fare entrare curiosi. Uno di loro stava all'ingresso e si dava da fare. Era di etnia pigmea, un piccoletto dall'aria nervosa. Mi qualificai e mi fece entrare nel cortile. C'era già quel lecchino di Alivs, un asiatico che non mi era mai piaciuto. Troppo zelante, troppo corretto.

Il morto era di etnia vatussa, a quanto pareva, purosangue. Il foro nel suo cappuccio refrigerante ne aveva annullato l'effetto e il corpo si stava disfacendo velocemente.

"Tu che ne dici?" domandò Alivs con tono untuoso.

"Cosa vuoi che dica? Bisogna controllare se è legale. Facciamoci dare un elenco delle agenzie di killeraggio, intanto."

"Già fatto," rispose Alivs, "tra dieci minuti avremo un elenco completo dalla Rete."

Lo guardai. "Ma che bravo," dissi.

Non glielo rivelai, ma mi ero fatto un'idea all'istante su quell'omicidio. Era lo stile di Al-Bakrim, titolare di una delle agenzie più in voga. Usava sempre la pistola, e in più quella era la sua zona, perché aveva gli uffici a Al-Babi-Lah. Sapevo anche che teneva parecchi sicari sul libro paga, tutti rigorosamente anonimi e segreti. Ma era molto furbo: probabilmente, sempre che fosse opera sua, non ci sarebbero state scorrettezze formali. In questo caso non sarebbe restato che tentare di catturare il sicario. Quello sì, che avrebbe passato un guaio. Sentii l'improvviso bisogno di fare una visitina al mio amico Al-Bakrim, che non vedevo da tempo. A volte divento sentimentale.

"Oh, dove vai?" mi gridò Alivs.

"A finire una partita," dissi, e presi il volo. Avevo il presentimento che avrei fatto aspettare un po' il mio amico irlandese.

.

Nei sobborghi di B-Milano le case non sono che ripari di fortuna costruiti con residui di lamiera ondulata e poliuretano strappato a qualche vecchio frigorifero, sistemati alla meglio negli scheletri degli antichi caseggiati in rovina. I cortili interni e le tracce dei marciapiedi sbriciolati sono ricoperti da parti di automobili a idrogeno, bidoni di ferro, calcinacci di laterizio crollati da balconi e pensiline, il tutto mischiato a tanto terriccio e tanto ciarpame minuto che, quando piove, questo orrendo insieme si amalgama come un fango primordiale. Sono rari i giorni in cui dall'aria bruna non cade una pioggia nera e unta dal profumo di nafta. Non è infrequente che qualche disperato, in cerca di oggetti anche vagamente commestibili, non abbia più la forza di sollevare i passi dentro la palude minerale che avviluppa lo stretto orizzonte, e che si rassegni ad esserne inghiottito con un sordo risucchio. Il calore, che sarebbe letale a chiunque non indossasse una tuta refrigerante, ha fuso da tempo l'asfalto creando fiumi e colate di lava e rendendo le zone rialzate non dissimili da piccoli vulcani neri, che nemmeno la pioggia incessante riesce a spegnere. Anzi, succede che talvolta il liquido nerastro evapori non appena tocca terra, trasformandosi immediatamente in un gas mefi-

97

tico; in altre occasioni, invece, le precipitazioni riescono a raffreddare leggermente il bitume, mescolandosi ad esso in una miscela innominabile.

Figure spettrali attraversano come ombre questo ambiente, simile a un eterno crepuscolo grigio, per scomparire dentro grotte improvvisate che solo la mite temperatura rende sopportabile. Alcuni di questi esseri non possiedono una tuta refrigerante; vivono la loro vita in gallerie ricavate da antichi piani interrati che spesso crollano, e dentro le quali non ci si stupirebbe di imbattersi in un'automobile a benzina, in un cocchio greco o in un brontosauro.

Da una via laterale, costeggiando i muri fangosi, procede un personaggio che indossa un paio di vecchi scarponi militari. Si guarda intorno circospetto mentre si rintana in una rientranza che doveva alloggiare un portone, forse addirittura di legno, tanto tempo fa. Il personaggio ha ventuno anni, si chiama MarcoM. Non è esattamente un essere umano.

È un trans-nucleico. Il suo dna è composto per il 97% da geni di essere umano di etnia papuasica, per il 2% di pesce farfalla, per il restante 1% di un ceppo africano di felce gigante. Sotto la sua pelle c'è una certa quantità di clorofilla e ha un istinto sbalorditivo.

Grazie alle sue componenti tropicali, egli può sopportare l'immane calore senza morirne. Ne soffre ma sopravvive. Non ha un luogo preciso in cui vivere. A volte qualche altro trans-nucleico gli offre asilo nei sobborghi di B-Milano. Il Governo dei clan non possiede un archivio dei trans-nucleici, i quali ufficialmente non esistono. Non disponendo di una fonte di reddito, di tanto in tanto si dà da fare in qualche lavoretto da svolgere a poco prezzo. Oggi però sembra molto ansioso, si muove con scatti repentini dentro e fuori gli antri scuri di quella barriera corallina mummificata che è il quartiere. Accende la connessione mentale per collegarsi alla Rete. Istintivamente pensa al signor Al-Bakrim. Dopo alcuni istanti, questi compare nella sua mente.

"Pronto?"

"Signor Al-Bakrim! Sono MarcoM!"

"Ragazzo, ti ho detto che non devi chiamarmi. Ormai, dimmi. Com'è andata?"

"Male, signor Al-Bakrim, male! L'ho ucciso!"

"Bene, allora, non male. Ti ho mandato a ucciderlo, no? La cliente sarà contenta. Passa da me quando vuoi. Dirò al mio amministratore di preparare per te i tuoi cento mondi. Ti saluto, ho da fare."

"Un momento, signor Al-Bakrim! Io ho paura! Lo sa, che cosa succede a chi fa queste cose!"

"Ebbene, ormai l'hai fatta, peggio per te. Ripensandoci, non credo sia una buona idea che tu ti faccia vedere nel mio ufficio, sei troppo su di giri. Mi pianteresti un casino. Dirò al mio amministratore di spararti a vista. Sei avvertito. E ora, mi stai seccando. Addio."

"Signor Al-Bakrim!"

Ma la connessione è già stata interrotta e non si ripristinerà. Il ragazzo di razza trans-nucleica osserva le proprie lacrime cadere sugli scarponi militari, osserva la pioggia nera unirsi alla colata di fango che non sembra avere né un inizio né una fine e che, qui e là, filtra nelle crepe del selciato, forse fin dentro le viscere della terra.

Il quartiere di Al-Babi-Lah era piuttosto elegante. Roba da avvocati e mercanti di celle solari. Per raggiungere gli uffici di Al-Bakrim dovetti percorrere a piedi la zona più *in* di B-Milano. Passai davanti a un negozio che vendeva dischi di vinile, bottiglie di acquavite e poltrone con i braccioli foderati di velluto. Non era merce per le mie tasche. Riconobbi la faccia di un tizio che avevo spedito alle fabbriche di refrigeratori, tempo prima. Era elegantissimo, ora. Aveva fatto strada. Dopo i lavori forzati, come ex galeotto aveva avuto una corsia preferenziale nei test per entrare in amministrazione del clan di rione, e ora era consigliere di maggioranza. In parte lo doveva a me, ma non lo fermai per ricordarglielo. Se fosse diventato emiro di Nord-al-Baqri, forse lo avrei fatto.

Il fido Alivs mi aveva comunicato l'elenco delle agenzie, dandomi l'inutile conferma della sua efficienza. Il nome del nostro amico figurava nella lista, come già sospettavo. Dissi ad Alivs che cominciasse pure a controllare qualche altra agenzia; riattaccai mentre mi copriva di rimostranze. Per ora avrei lavorato da solo. Al capo non sarebbe piaciuto, ma avrei pensato a questo problema in seguito.

Il palazzo doveva avere almeno cent'anni ma non li dimostrava, era restaurato di fresco. C'era anche un ascensore. Molto romantico. Salii al sesto piano. Sulla porta, una scritta dorata recitava: *Agenzia autorizzata di killeraggio Al-Bakrim. Omicidi di qualità dal 2070.*

Una segretaria vatussa, altissima e nerissima, mi ricevette in sala d'aspetto. Niente burqua refrigeranti dotati di monitor, negli uffici di Al-Bakrim, ma un abitino in P-cotone. Mi tolsi la tuta. Ambienti molto ben refrigerati, segno di lusso ostentato.

Il signor Al-Bakrim, mi disse la vatussa, era impegnato. Avevo un appuntamento?

"No," risposi mostrandole l'ologramma della polizia dell'emirato, "ma il signor Al-Bakrim sarà impegnato a risolvere un grosso guaio se non mi riceve alla svelta."

"Un attimo," mi disse quella stangona senza scomporsi, prima di sparire attraverso una porta in P-legno. Dopo pochi secondi seppi che il titolare era disponibile. Entrai.

"Signor Tautab, la sua visita è sempre sgradita," esordì Al-Bakrim allungandomi un'enorme mano nera. Era un gigante, vatusso da almeno cinquanta generazioni.

"Per me invece," dissi, "è sempre divertente incontrarla. Soprattutto se la mia visita le è sgradita."

Rise di cuore e sprofondò in una poltrona ricoperta di P-pelle. Sapevo che non si trattava di vera pelle di animali, ma non potei fare a meno di rabbrividire per quanto era realistica.

"Che cosa ho combinato, senza saperlo, per farla venire fin qui?" mi disse.

"Ha fatto uccidere un uomo."

"Signor Tautab, lo faccio decine di volte al giorno. È il mio mestiere."

"E lo fa sempre legalmente?"

"Signor Tautab, se un cliente mi chiede di uccidere un concorrente in affari, o un rivale in amore, io lo faccio. E mi pagano bene per questo. Le sembra illegale?"

"No, se rispetta le regole."

"Signor Tautab, perché non viene al motivo della sua visita? Perché c'è un motivo, sì?"

"A me interessa l'omicidio avvenuto oggi ai danni di un certo Al-Bramb-Ilah. Allora, è opera sua?"

"Mi faccia pensare. Sicuro! Ricordo benissimo. Come lei forse avrà già scoperto per conto suo, l'omicidio mi è stato commissionato dalla vecchia segretaria del signor Al-Bramb-Ilah, la quale lo odiava da anni. Non sono certo segreti. È questo, che voleva sapere? L'ho accontentata. Se deve andare, non la trattengo."

"Sì, ma il killer chi era? Può dirmi il suo nome?"

"Signor Tautab, questo invece è un segreto professionale! Lo sa che non posso dirglielo, questo! Ma che importanza può avere?"

"Ne ha molta, signor Al-Bakrim! Glielo spiego subito, nel caso improbabile che non lo sapesse. A lei non posso fare niente, ma il suo sicario lo posso arrestare con l'accusa di omicidio, se lo trovo. Le è chiaro, adesso?"

"Andiamo, non può chiedermi di tradire un sicario. Nessuno lavorerà più per me, se lo faccio."

Lui sorrideva e, improvvisamente, pensando alla vittima, mi venne un'idea.

"Signor Al-Bakrim, come è andata con quella brutta storia di contrabbando nel settore della ristorazione? Di quanti bambini naturali ha rifornito il mercato illegale?"

"Non so di cosa stia parlando."

Infatti, stavo bluffando. L'idea dei bambini mi era venuta lì per lì. A volte funziona. Funzionò.

"Allora, perché non approfondiamo con calma?" dissi alzandomi. "Venga con me, le dispiace?"

"Va bene," disse serio. "Che cosa vuole da me? Un nome?"

"Sì."

"Non sia ridicolo. Posso dirle che era un ragazzo transnucleico."

"Lo immaginavo. Le costano molto meno dei sicari umani e fa prima a disfarsene. Il nome."

"Lei è irragionevole! Così mi rovina!"

"Il nome."

"Un certo MarcoM, un disperato. Non lo troverà mai."

"Lei, però, l'ha trovato e se ne è servito. Lo troverò anch'io. Arrivederci."

Uscii da quell'ufficio che mi metteva addosso uno strano brivido. Adesso sapevo come cercare il sicario. Mi dispiaceva soltanto che, nella migliore delle ipotesi avrebbe pagato solo il meno colpevole. Nella peggiore, non avrebbe pagato nessuno. Ma non avrei mai fatto carriera collezionando buchi nell'acqua, e l'*Agenzia autorizzata di killeraggio Al-Bakrim* era un osso troppo duro. Dovevo concentrarmi su MarcoM, il trans-nucleico.

.

Davanti a uno stabile completamente vetrato, passa e ripassa un ragazzo-sandwich per reclamizzare un sapone dalle proprietà rinvigorenti. Non appena riesce ad accostare un passante, gli fa esplodere nel cranio uno slogan: *Comperate il sapone rinvigorente Matusalem, o uno dei nostri addetti vi punirà con la morte!* E ripete: *Comperate il sapone...* all'infinito.

Il ragazzo-sandwich si accorge che un tizio si è fermato davanti allo stabile e sta per entrare. Gli si avvicina da dietro. Nel cervello del tizio esplode lo slogan: *Comperate il sapone rinvigorente Matusalem, o uno dei nostri addetti...* Ma egli, che non ha né il tempo né la voglia di sopportarlo, si lancia contro il ragazzo-sandwich prendendolo a calci e sputi: "Vattene, miserabile! Va' via!"

Il ragazzo-sandwich desiste dalla réclame e si allontana, voltandosi ripetutamente per lanciare occhiate assassine al suo assalitore. Quest'ultimo, che si chiama Hedra Fim-Hag'Al, termina la sua lettura del cartello sopra il portale dell'edificio: *Casa di Transito Ben-Al-Debaran.*

Entra nell'ampio vestibolo. Un'inserviente dall'abito in P-nylon totalmente trasparente, vedendolo entrare gli si avvicina. "Buona sera, signore," gli dice. Si è fatta impiantare corde vocali che producono un suono suadente. "Sono lieta di darle il benvenuto alla *Casa di Transito Ben-Al-Debaran.* I locali sono refrigerati. Perché non si toglie la tuta e si mette comodo, mentre le prendo un e-puscolo?"

"Buona sera," risponde Hedra confuso, "le volevo chiedere..."

"Ma io so già quello che lei cerca, signore," cinguetta l'inserviente, mentre i peli del suo pube e delle sopracciglia assumono un colore turchese, che è il più adatto per mettere il cliente a proprio agio. "Ora le illustrerò l'ampia gamma di prodotti che noi della *Ben-Al-Debaran* offriamo ai nostri clienti."

Hedra vorrebbe replicare che è lì per fare visita a un paziente, ma l'impianto di mental-marketing dell'istituto ha già preso possesso della sua psiche; a lui non resta che starsene imbambolato ad ascoltare l'inserviente.

"Forse lei, signore," riprende imperturbabile la vatussa, "che sembra così giovane e pieno di forze, è minato da qualche grave malattia e sta per trapassare. Bene, benissimo! In questo caso lei è nel luogo giusto, signore. Qui, se lei lo vorrà, la sua intera mente sarà immessa in Rete e conservata in triplice copia mentre il suo corpo si corromperà e svanirà nei termoconvertitori, divenendo ottimo cibo. Nell'attesa di un nuovo corpo su cui impiantarla, nelle sale visita della *Casa di Transito Ben-Al-Debaran* lei potrà ricevere amici e parenti, e conversare con loro sotto forma di un magnifico olo-tridi. Inoltre, le saranno messi a disposizione tutti i migliori passatempi disponibili per allietare la sua attesa. Attesa che, ne siamo certi, non potrà essere che brevissima. La media è di non più di due mesi e sei giorni, signore, e si sta abbassando. Stanno infatti aumentando i reati contro il califfato e i galeotti da espiantare non scarseggiano. Potrà pagare in contanti, in argento o, se vuole, a rate. Abbiamo molti tipi di tariffe: di certo ce n'è una adatta a lei! Ma lei forse voleva domandarmi qualcosa?"

L'inserviente si è infatti accorta che Hedra, se pure intontito, strabuzza gli occhi e sembra implorare una pausa di quella tirata pubblicitaria. Con un gesto delle ciglia, la donna spegne l'impianto di mental-marketing.

"Era ora! Non la smetteva più!" dice inferocito Hedra alla hostess, i cui peli si colorano all'istante di verde smeraldo. "Non sono un cliente, sono qui per una visita. Poteva risparmiarsi la tiritera! Per la miseria! Non la finiva più!"

"Sì, signore," risponde la vatussa impassibile, "il nome del paziente?"

"Signor Guido Moratti, espiantato due settimane fa."

"Oh, il signor Moratti! Non era titolare di un grande negozio di droghe a B-Milano? È uno dei nostri migliori clienti. Lei è un congiunto?"

"No," risponde accigliato Hedra, "magari. Sono il suo commesso."

"Venga con me, prego."

La sala visite è una piccola stanza foderata di P-mogano, con due poltrone per i visitatori e un macchinario che ne occupa tre quarti. Alcuni proiettori sul pavimento creano l'immagine olo-tri-di del caro estinto, di cui in realtà è morto solo il corpo.

La vatussa introduce Hedra nella saletta e lo lascia solo. Dopo pochi istanti, sopra i proiettori compare il signor Guido Moratti, nel suo ultimo aspetto esteriore. Diversamente da molti altri, non si manifesta sotto forma di gagliardo giovanotto, né in una delle tante rappresentazioni olo-tridi che la clinica mette a disposizione ai trapassati.

"Ciao, Hedra. Che ti è successo? Sei più brutto del solito."

Anche la voce del vecchio, per sua scelta, è la stessa che aveva da vivo.

"Salve, signor Moratti. Come sta?"

"Non mi lamento. Sono bravi a non farmi mai annoiare. Allora, hai novità?"

"Sì, signore, al negozio è tutto a posto. Forse chiuderò un buon contratto con un nuovo fornitore del P-fungo *HeaveN*. Gli affari vanno bene."

"Sì, benissimo. Ma mi interessa di più l'altra cosa. L'hai trovato? È questo, che mi interessa."

"In effetti abbiamo novità. Oggi sono stato contattato da Tautab."

"Chi?"

"Quel poliziotto, a cui ogni tanto faccio qualche soffiata. L'ha visto, al negozio. Si ricorda?"

"Bene, allora?"

"Voleva informazioni su un trans-nucleico che sta ricercando per omicidio. Se lo aiuto a trovarlo, potrebbe essere un soggetto giusto per lei, signore."

"Ecco! Vorresti che mi impiantassi in un corpo trans-nuclei-co? Sei scemo? Sarei carino, metà cane e metà margherita!"

"Alcuni trans-nucleici hanno dei vantaggi. Questo potrebbe avere una resistenza ai gas, o al calore. Non le piacerebbe vivere senza filtro tracheale o senza tuta refrigerante?"

"Ammetto," dice Moratti con un altro tono di voce, "che ci sono dei lati positivi. Ma tu lo conosci?"

"No, ma ho molti contatti nell'ambiente. Con il mio aiuto, credo che questo trans-nucleico salterà fuori. Così lei, signore, avrà al più presto un corpo nuovo. So che le costa molto questa attesa."

"Già. E immagino che non lo faresti gratis, o sbaglio?"

"Signore, considerato quello che le farei risparmiare, e i vantaggi che ne avrebbe, credo che una partecipazione del 10% nel negozio non sarebbe un prezzo troppo alto."

"Sei un rifiuto umano. Se io non fossi un olo-tridi ti prenderei a calci in faccia," dice il vecchio con tutto il disprezzo di cui è capace, e non è poco. "Sei solo un rifiuto umano," ripete.

"Devo considerarlo un sì, signor Moratti?"

"Maledetto. Sì, era un sì, maledizione. E adesso esci di qui e trovami quel trans-nucleico."

.

Il termoconvertitore di Oh-ja-roh4 lavora senza sosta da molti decenni per trasformare materia innominabile in ottimo cibo altrettanto innominabile e in energia per la refrigerazione. Un fiume di fango esce dagli intestini della enorme macchina per raccogliersi in grandi fiumi diretti chissà dove. Sono gli scarti ormai inservibili del processo. Da un altro settore, le alianti dell'emirato trasportano grandi cubi neri verso i quartieri adibiti alla preparazione della materia prima alimentare. Tagliata a pezzi, poi ancora ridotta e venduta al dettaglio, la sostanza nera è la base dell'alimentazione per i nove decimi della popolazione cittadina. Mescolata alla carne proveniente esclusivamente da articoli di allevamento, costituisce il menu di qualsiasi ristorante legale. Quelli illegali, mescolano la materia nera a carne derivante da articoli naturali, allevati in clandestinità o rubati.

Dagli esseri umani deriva poi un'incessante produzione di rifiuti, a loro volta raccolti e condotti ai termoconvertitori per ricavarne la maggiore quantità possibile di materia ancora utilizzabile. Ma essa si riduce inevitabilmente. Come in un piccolo ecosistema nero e oleoso, nel quale la produzione è nulla e tutto rinasce dal cadavere putrefatto di se stesso, sta per arrivare il giorno in cui dai termoconvertitori uscirà lo stesso fiume maleodorante che ne è entrato, perché non vi sarà più nulla di utile alla vita.

Da un'altura, formata da una quasi infinita varietà di forme minerali, il trans-nucleico di nome MarcoM osserva la ciclopica macchina, che da quel punto di osservazione assomiglia ad uno smisurato stercorario nero e disperatamente affamato.

Dopo un vagabondaggio inconcludente attraverso i quartieri più miserabili della città, non prova fastidio sotto la pioggia bollente che gli ha inzuppato i leggeri vestiti. Continua a tornargli alla mente l'immagine del vatusso, ricorda l'istante in cui gli ha puntato la pistola alla testa. Lo sparo moltiplica la propria eco nelle stanze della sua psiche di trans-nucleico.

Non poteva immaginare che si sarebbe sentito così integralmente solo, dopo quella commissione che il signor Al-Bakrim aveva definito un gioco da ragazzi. Non riesce a distogliere i pensieri da quel vatusso: si domanda se avesse una famiglia, da qualche parte. Si chiede cosa sarà di chi lo stava aspettando nel suo cubicolo.

Si prende la testa tra le mani, appoggia i gomiti sulle ginocchia. Tutti i pensieri svanirebbero di colpo se si gettasse dentro l'orribile voragine del termoconvertitore e ne uscisse solo per disperdersi in un milione di atomi lontano da B-Milano, perfino fuori da Nord-al-Baqri, se per caso esiste qualcosa al di là, oltre la fine dell'aria nera.

Sarebbe molto peggio se fosse catturato: allora verrebbe senz'altro usato per tenere in vita qualche vecchio; dovrebbe passare la sua esistenza come uno schiavo, rintanato in un angolo del suo cranio, mentre uno sconosciuto ne invade i segreti e manovra da padrone il suo corpo. Senza più possibilità di fuga, sarebbe costretto ad assistere impotente al governo di quello che ora è il suo unico possedimento, relegato al mantenimento delle funzioni vitali e nulla più.

Con questi terribili pensieri, osserva di nuovo lo stercorario che divora e divora, senza fermarsi.

.

Mi incontrai con Hedra, un mio informatore, in un auto-kebab nella zona di M-Al-phensah. Doveva essere di etnia masai, anche se per me discendeva da Giuda. A volte, pagando, mi era stato utile. Anche stavolta, nonostante la sua slealtà cronica, avrei potuto ricavarne qualcosa.

Arrivai in anticipo. Mancavano dieci minuti all'una di notte. L'auto-kebab era pieno di euro-asiatici con l'accento del sud. Presi posto su un divano e attesi. Non che io ami aspettare, ma non basta essere nei guai per smaniare dalla voglia di vedere Hedra.

Il locale era refrigerato con un impianto che forse stava tirando le cuoia. Non si avvertiva quasi la differenza con gli uffici della polizia dell'emirato. Mi tolsi ugualmente la tuta. Detesto mangiare dall'interno di un sarcofago. Non appena vidi entrare il mio uomo nel locale, gli feci un cenno e si accomodò.

"Come stai, Tautab?"

"C'è un po' freschino, ma sto bene," dissi.

Si accorse che non avevo la tuta e pensò che il locale fosse refrigerato. Si tolse anche la sua e cominciò a sudare copiosamente.

"Perché fa così caldo?" ansimò.

"Ti ho chiamato perché devo trovare una persona. Secondo me puoi aiutarmi."

"Può darsi," rispose, continuando a sudare come una fontana.

"Intanto, che ne dici di mangiare un boccone? Sono affamato da stamattina."

"Perché no?" fiatò.

Il menu mi comparve nel cranio. Fu subito chiaro che non eravamo al Grand Hotel. Non che me lo aspettassi. Feci la mia scelta mentale.

"Ho ordinato anche per te," dissi. "Spero che ti vada bene carne e fango, con birra per mandarlo giù."

Chiamavo fango la poltiglia che proveniva dai termoconvertitori. Comunque, ne aveva l'aspetto e il sapore. Era meglio chiamarlo così che pensare a cos'era veramente. Quanto alla birra, si trattava solo di un distillato del fango. La stessa roba, ma liquida e discretamente alcolica.

"Di' un po'," ansimò, "non serviranno mica carne illegale, qui, no?"

"Quante storie," dissi, "per un'etichetta. Ti scandalizzi tanto se ti fanno mangiare bambini rubati a qualcuno, ma non fai una piega se ti servono bambini allevati? Sei solo un ipocrita, ecco cosa sei."

"Può darsi," disse, leggermente ripreso dallo shock termico, "ma c'è una bella differenza: una cosa è legale, l'altra no! E poi non mi mettere questi dubbi, mi fai venire il voltastomaco. Bambini naturali! Ah!"

"Se c'è una cosa che fa schifo a me è la tua faccia. Poche chiacchiere. Apri le orecchie. Cerco un trans-nucleico, si chiama MarcoM. È tutto quel che so di lui. Lo conosci?"

"Sei sempre in caccia, eh? Il vecchio Marid ti fa sgobbare."

"Già. Ora, poi, che spera di diventare raìs, c'è poco da dormire. Allora, lo conosci o no questo MarcoM?"

"No. Però potrei dirti dove ci sono molte probabilità di trovarlo."

"Maledetto, fa' pochi giri di parole," dissi. "Dove?"

"Aspetta, ora ti dico. Conosco molti trans-nucleici. Una di loro, una certa BarbaraB, mi ha fatto una volta quel nome. Lo ricordo bene."

"Dove trovo questa BarbaraB?"

"Tautab," ansimò, "io mi espongo, parlandoti di queste cose."

"Quanto vuoi?"

"Non è questo…"

"Quanto vuoi?"

"Avrei bisogno di un nuovo cappuccio refrigerante, costa quaranta mondi…"

"Li avrai. Dove la trovo?"

"Frequenta un locale," ansimò Hedra con le labbra spaccate dall'arsura, "giù a Oh-ja-roh4, di nome *Ovidius*. Ci vanno molti trans-nucleici. Stasera BarbaraB ci sarà di sicuro."

Mi alzai e mi infilai la tuta.

"Non mangi?" mi chiese ansando Hedra dal divano che stava inondando di sudore.

"Mangia tu. Io ho da fare."

"E chi paga qui?" mi disse mentre uscivo.

"Arrangiati, e aggiungili a quelli che ti devo."

Uscii, feci tre passi e tornai indietro. Mi affacciai nel locale. Hedra aveva già finito la sua birra e attaccava la mia.

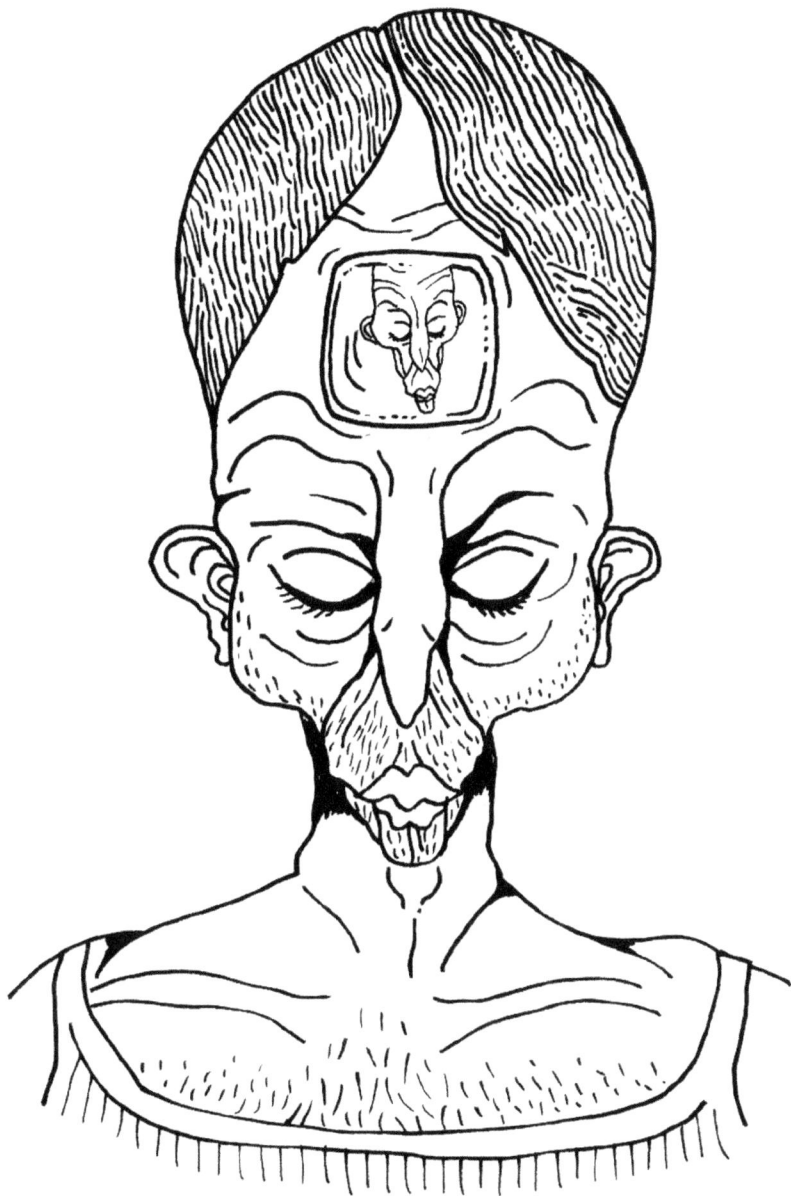

"Un'ultima cosa," dissi. "Questa BarbaraB, da che cosa è composta? Umano, e poi?"

"Se non ricordo male," ansimò Hedra, "due cose fredde. Pinguino e lichene, credo. Sì, sì, sono sicuro: donna caucasica, pinguino e lichene."

.

Nel quartiere di Oh-ja-roh4 tutto ruota intorno al termoconvertitore e ne dipende in modo così indissolubile, che non si potrebbe immaginare lo stesso labirinto di scheletri neri in cemento, cielo bruno e terra scura senza il respiro mugghiante del mostro. Ma nella selva di balconi crollati e aperture nere e misteriose, c'è un po' di qualcosa che può essere definito vivo. Si manifesta con un brulichio e un vociare sordo in corrispondenza di una scritta tracciata in rosso e verde sull'antico intonaco: *Ovidius*. Già soltanto il fatto che la scritta sia realizzata con colori diversi dal nero denota un'insolita attività, se non proprio vitale, almeno con qualche speranza di esserlo. Non appena si varca questo buco nero e si penetra all'interno della catacomba, le pareti pitturate con cura a colori vivaci, il viavai di giovani allegri, le luci cangianti e la generale atmosfera di festa sono segnali inequivocabili che ci si trova in un'altra città, o in un altro mondo.

Il locale di nome *Ovidius* esiste da molti anni, almeno da quando esistono i trans-nucleici. Da subito è stato il loro ritrovo, benché non esclusivo. Molti umani di tutte le etnie, richiamati dalle indubbie attrattive di questo insospettabile luogo, si spostano a piedi o con le alianti da ogni angolo di B-Milano per passare all'*Ovidius* qualche ora o magari tutta la nottata.

Tuttavia, il locale è dominato dalla presenza dei trans-nucleici, ognuno dei quali è unico per la mescolanza genetica che lo ha generato. Alcuni di loro sono talmente umani che le loro parti animali e vegetali sono quasi impercettibili a un occhio distratto, come nel caso del trans-nucleico MarcoM; la loro diversità dagli esseri umani si manifesta in modo sottile, con una particolare resistenza fisica o con una straordinaria intelligenza.

Un trans-nucleico è appoggiato con un gomito al bancone del bar e ordina una birra. È composto per il 92% da geni umani caucasici, per il 3% da geni di alloro e per il 5% da geni di lucertola.

110

Lo rivelano la sua pelle, la forma del viso e il colore verdastro delle vene. Sta conversando con una donna umana.

"Non prendi una birra?"

"No," risponde lei, "ho preso dell'*HeaveN*. Comincio già a vedere i colori in modo strano."

Un altro trans-nucleico ha già fatto il pieno di *HeaveN* e si dimena in un angolo, da solo. Il fungo sintetico chiamato *HeaveN*, derivato, come tutto, dal fango primordiale, è una droga che induce chi la assume a un atteggiamento rilassato e fiducioso. Come effetto secondario distorce la percezione dei colori e dei suoni, rendendoli più dolci e attutiti. È la tipica droga per transnucleici. Essi, contaminati dalla natura animale e vegetale, portati perciò ad una istintiva e sensibile intelligenza, non avrebbero nessuna possibilità di sopravvivere psicologicamente all'orrore di B-Milano. Anche molti umani ne fanno uso, soprattutto all'*Ovidius*, e la sua vendita è libera.

Un trans-nucleico che indossa un paio di vecchi scarponi militari entra con fare spaurito e si rifugia in una zona d'ombra accanto al distributore di *HeaveN*. Individua un altro trans-nucleico dall'altra parte del locale e lo raggiunge, facendosi largo tra la gente.

"MarcoM!" lo saluta questi, di nome StephanS. "Come stai, bello?"

StephanS è per il 4% fragola e per l'1% ragno.

"StephanS," risponde MarcoM, "ho bisogno di vedere BarbaraB, è importante!"

"Ma tu sei sconvolto, caro. C'è qualcosa che posso fare per te?"

"Se molto gentile, davvero. No, ho solo bisogno di BarbaraB."

"È nell'*estintore*."

"Grazie," risponde MarcoM, dirigendosi subito verso l'*estintore*. Si tratta di una saletta separata ma accessibile a tutti. Quando è stata scoperta, tanti anni fa, sulla parete è stata rinvenuta la parola misteriosa *estintore*, che da allora serve a designare questo luogo. BarbaraB sta conversando con un'amica ed entrambe sorridono. Quando vede arrivare MarcoM gli corre incontro.

"Dov'eri sparito?" gli chiede abbracciandolo.

"Ho combinato un guaio," risponde MarcoM.

"Ma tu hai pianto! Che cosa è successo?"

"Ho ucciso un uomo!"

"Vieni qui, spostiamoci. Non ho capito: cos'hai fatto?"

"Ho ucciso un uomo!"

"Come è possibile?"

"Ero a corto di soldi! Quel tizio mi ha offerto cento mondi per farlo. Oddio, BarbaraB, non immaginavo che poi mi sarei sentito così!"

MarcoM non può evitare di singhiozzare e BarbaraB non può fare altro che abbracciarlo ad occhi spalancati. Oltre che per la morte di un uomo sconosciuto, il suo cuore di pinguino è sconvolto per MarcoM, la cui parte umana ha prevalso per un attimo fatale sul cuore di pesce farfalla.

.

Davanti al locale c'era già parecchio movimento. Feci la fila come gli altri. Non volevo dare nell'occhio. Fatica sprecata: ero troppo vecchio per l'*Ovidius*. Mi pareva che la gente mi guardasse come se fossi Noè. Ma forse ero solo molto stanco.

All'interno c'era poca luce. E chi ha bisogno di luce, quando è imbottito di P-funghi? C'era anche un bar vero, con barista in carne e ossa. Presi una birra e mi guardai intorno. Attaccai bottone con un paio di trans-nucleiche niente male. Una doveva avere geni di giraffa o gru o qualcosa del genere, a giudicare dal collo. L'altra aveva nel dna troppo pesce per i miei gusti. Se l'avessi strizzata avrebbe stillato olio di merluzzo. Le feci parlare un po'. Avevano visto quella BarbaraB, ma a quanto pare se n'era andata. Di MarcoM, invece, non avevano mai sentito parlare.

In quel locale c'era un bel campionario, una specie di museo naturale. Non avevo mai incontrato tanti trans-nucleici tutti insieme. Vidi anche molti umani, più di quanti mi aspettassi di vedere. Soprattutto donne. Il tipo di donna che trova gustoso farsi un trans-nucleico. A me non interessava, l'esperienza. Non mi piacciono le sorprese. In ogni caso, avevo solo voglia di acchiappare quel maledetto assassino, vantarmene con il capo e andarmene a dormire nel mio cubicolo. Feci un giro con gli occhi aperti. In fondo al locale, un passaggio dava accesso a un'altra sala. Sopra era scritta una parola straniera: *estintore*. Probabilmente era il nome di una divinità di quegli esseri sub-umani. Dovetti farmi largo nella calca per raggiungere il fondo della sala. Domandai un po' in giro, ma molti erano già partiti in compagnia del signor *HeaveN*. Il capo di Hedra ne aveva fatti parecchi, di soldi, a venderlo.

Un tizio, che doveva essere mescolato con un uccello e con l'edera, mi disse che conosceva BarbaraB, anzi l'aveva vista poco prima. MarcoM, lo conosceva ma non sapeva dove fosse. Era da un po' che non lo vedeva. Ne interrogai altri che non mi sembravano drogati, ma da tutti ottenni la stessa risposta: la trans-nucleica di nome BarbaraB se ne era andata da un pezzo, MarcoM non si faceva vedere in giro da mesi.

Sentii il bisogno di un'altra birra. Anche in quella saletta c'era un vero bar. Il barista, un vatusso che con la testa toccava quasi il soffitto, doveva essere umano.

"Senta, almeno lei, è umano? Mi dica di sì," dissi mentre trangugiavo la birra.

"Certo, amico. Umano al cento per cento."

"Lo dico perché, con questi, non si sa mai," precisai.

"Che ci fa," mi domandò, "uno come lei all'*Ovidius*?"

"Cerco un tizio di nome MarcoM."

"Uno che frequenta una certa BarbaraB?"

Spalancai gli occhi. "Sì!" dissi. Forse c'ero vicino.

"Può darsi," disse con aria distratta, "che fossero qui entrambi, fino a pochi minuti fa. Può darsi che siano stati avvertiti dell'arrivo di uno con la faccia da sbirro."

"E...?" suggerii.

"E può darsi," continuò lui, "che se la siano svignata."

"Dove?" dissi a voce troppo alta "Da dove, se la sono svignata?"

"Non ricordo bene. Sa, signore, sono molto povero e questo non fa bene alla mia memoria."

"Cosa vuoi? Maledetto, cosa vuoi?" gridai.

"Solo venti mondi, mio caro. Non sono tanti, per due trans-nucleici."

Mi frugai freneticamente nelle tasche. Non arrivavo neanche a sette. Presi il barista per il bavero. "Dimmelo! E un trans-nucleico diventerà un ammasso di fango o un corpo di ricambio;

non dirmelo, e io ti faccio passare un grosso guaio! Non mettermi alla prova!"

Parlò. C'era un passaggio dietro il bancone del bar. Spalancai il pannello che lo chiudeva. Un corridoio oscuro si perdeva fino a una curva a gomito. Da lì in avanti, il buio.

Un'ombra si mosse non appena mi affacciai. Udii il grido soffocato d'una ragazza.

"Fermi!" gridai. "MarcoM, fermati!"

Ma le ombre, perché erano due, scomparvero dietro l'angolo dello stretto budello. A me non rimase che inseguirle.

Il signor Guido Moratti, anzi la sua mente nuda, chiede alla Rete di metterlo in collegamento con il suo agente di Al-Babi-Lah, il signor Al-Bakrim. Oltre a essere l'agente particolare del signor Moratti, il signor Al-Bakrim ha all'attivo molte altre attività, come ad esempio il contrabbando di carne illegale sotto la copertura di un'onesta agenzia di killeraggio. I collaboratori del signor Moratti non conoscono il sodalizio che esiste tra i due; ma del resto non è necessario che il titolare di un negozio di droghe sbandieri gli affari suoi anche all'ultimo commesso.

"Pronto."

"Al-Bakrim! Amico mio, come sta?"

"Signor Moratti, bene quando la sento. La sua voce denota una splendida forma e un eccellente umore. Me ne rallegro."

"E invece ho qualche rogna, mio caro."

"Questo mi addolora. Si tratta di rogne che la mia agenzia può alleviare, o ancor meglio eliminare?"

"Forse. Lei sa dove mi trovo, Al-Bakrim?"

"Sì, signore: alla *Casa di Transito Ben-Al-Debaran*, da cui uscirà presto, ne sono sicuro, con un ottimo aspetto. O teme che non sia così?"

"Può darsi, Al-Bakrim. Ma potrebbero passare settimane, mesi! E intanto i miei commessi rubano l'incasso, gli affari vanno a rotoli!"

"Eh, signor Moratti," sospira il vatusso, "è la legge ineluttabile della vita. Bisogna avere pazienza."

"Senta, se io avessi pazienza starei qui come un bacucco a giocare a P-monopoli, e non mi rivolgerei a lei. Allora, vuole che sia paziente o vuole sentire cosa ho da chiederle? Ci sono anche altre agenzie, a B-Milano!"

"Bisogna avere, signor Moratti, sì, pazienza. Ma non bisogna rassegnarsi, questo no! Decisamente. Fa bene a ribellarsi a questo stato di cose. È intollerabile..."

"Al-Bakrim!"

"Sì?"

"Taccia e mi stia a sentire. Per trovare un corpo in fretta avevo sguinzagliato un mio commesso, un ladro incapace di nome Hedra Fim-Hag'Al. È venuto da me ieri pomeriggio... Ma che ore sono adesso?"

"Le tre del mattino, signore."

"Bene, è venuto ieri nel tardo pomeriggio. Mi ha promesso che avrebbe collaborato con la polizia, di cui è informatore, per la cattura di un ricercato. Un trans-nucleico."

"Ah!" sbotta indignato il vatusso.

"No, no, invece la cosa mi interessava. Ci sono certi vantaggi, creda a me."

"Ma non avrebbe più potuto fare il commerciante!" si lascia sfuggire Al-Bakrim. "I trans-nucleici sono in genere pieni di scrupoli, onesti fino alla nausea..."

"Stia zitto! L'avrei sempre governato io quel corpo, no? Però non se ne farà niente. Quel ladro del mio commesso mi ha chiesto una partecipazione agli utili del negozio! Capisce?"

"È inaudito."

"Ma lei, piuttosto, Al-Bakrim, non ha qualche corpo da vendermi? Io con lei faccio affari sempre volentieri, lo sa."

"Mentre parlava, signor Moratti," dice il vatusso lentamente, soppesando le parole, "mi sono permesso di pensare a una piccola strategia che potrebbe tirarla fuori da questa situazione fastidiosa. Sempre che a lei piaccia, signore."

"Parli. Dica tutto. La ascolto."

"Io, signor Moratti, ho un'agenzia stimata. Lei potrebbe commissionarmi il killeraggio di quel suo Hedra, o come diavolo si chiama. Io potrei incaricare del lavoro un ottimo soggetto, un trans-nucleico con una grande resistenza al calore. È composto da parti di pesce tropicale. La polizia poi potrebbe essere, diciamo così, aiutata a catturarlo. E, voilà! Un bel corpo sarebbe pronto per il signor Moratti. Se a lei va bene, signore."

"Mi piace, mi piace! È disponibile subito, questo suo sicario?"

"Proprio subito, no, perché ultimamente ha qualche problema di latitanza. Fugge da situazioni incresciose. Ma se io lo trovo prima di chi lo sta cercando, il gioco è fatto!"

"Allora lo cerchi, Al-Bakrim!" dice il vecchio e, dopo una pausa: "Quanto vuole per questo servizio, amico mio?"

"Lei mi mette in imbarazzo! Per l'amicizia che ci lega, signor Moratti, credo che ci accorderemo. Prima parlava di partecipazioni al negozio, o sbaglio?"

"Al-Bakrim, non se ne approfitti! Badi, eh!"

"Le va bene, signor Moratti, il 20%?"

.

Osservando bene il muro di un vecchio caseggiato, che per qualche ragione resiste al tempo, si può scorgere, dove doveva esserci stato un marciapiedi in altre epoche, un piccolo buco scuro. Forse corrispondeva a uno scarico fognario, o alla presa di aerazione per la tomba di un faraone. Ma nemmeno puntando un potente faro giù per quel budello, nero come le viscere di un serpente, si potrebbe scorgerne la fine. Solo qualche bambino perduto, o un pigmeo, forse, si è arrischiato ad entrarvi per fuggire a una pioggia tanto calda e acida da scalfire la sua povera tuta refrigerante di terza mano. Se davvero l'abbia fatto, e da quale parte ne sia saltato fuori quell'ipotetico bambino o quel pigmeo, sempre che abbia potuto saltarne fuori, resta uno dei tanti misteri neri di B-Milano.

Incredibilmente, dalle profondità del buco si odono prima dei passi di corsa, poi un affannarsi ansioso. Infine, il trans-nucleico di nome MarcoM esce con fatica dal piccolo pertugio. Si volta e prende per la mano la trans-nucleica di nome BarbaraB, aiutandola ad uscire. Quest'ultima comincia a sudare, il respiro le si ferma nella gola. Mentre il ragazzo è in grado di sopravvivere al calore e al gas che ha da tempo preso il posto dell'aria, per lei è differente. I suoi geni nordici soffrivano un po' perfino all'interno dell'*Ovidius*, che pure era refrigerato. Esposti alla terribile vampa della notte di B-Milano i polmoni del colore e della delicatezza di un lichene si dichiarano battuti, il cuore di pinguino deve arrendersi e il piccolo viso chiaro dai tratti caucasici si fa di colpo paonazzo. BarbaraB si accascia in ginocchio.

MarcoM non se ne accorge, si è già lanciato in una veloce corsa quando ha scorto una faccia da sbirro fare capolino dal buco e gridare: "Fermati, maledetto!"

Non appena si rende conto che BarbaraB non gli è al fianco, si ricorda della sua delicata struttura fisica. Ormai, però, è tardi, perché il poliziotto è già uscito con fatica per metà dal tombino e grida come un ossesso. MarcoM non può fare altro che continuare a correre.

Lo sbirro di nome Tautab riesce finalmente a far passare il proprio corpo, ingombrato dalla tuta, attraverso lo stretto passaggio. Si getta in gola il filtro tracheale, indossa con un gesto la calotta refrigerante ed è fuori del tutto. C'è un trans-nucleico sul terreno fangoso, riverso a faccia in giù. Lo volta per una spalla: non è lui, ma solo una femmina dal volto bluastro. Guarda in avanti, sulla via nera ingombra di cadaveri di automobili a idrogeno. La folla del giovedì notte sciama in ogni direzione, composta da donne con i loro burqa elettronici, trans-nucleiche in abiti succinti e pigmei, tra i quali spiccano, come barre di ghisa in una discarica, i molti vatussi.

Una grossa aliante con le insegne dell'*Agenzia Al-Bakrim* compare a bassa quota e segue da vicino MarcoM.

Tautab avanza e ogni tanto si erge sulla punta dei piedi, scruta intorno, finalmente vede una testa priva di cappuccio allontanarsi verso la zona del termoconvertitore. Si fa largo a gomitate in quella direzione.

Fuori dal sobborgo, la folla si dirada e MarcoM continua ad avanzare. Spesso si volta indietro e spera: ma è sempre inseguito. Si lancia in una traversa nera e disabitata, percorre un labirinto di scheletri neri di cemento contro il cielo livido. Si gira di scatto: è ancora inseguito.

Il rione abbandonato è una scacchiera di cui tutte le caselle sono nere. Soltanto una linea, di poco meno scura, le delimita. Un punto giallo si muove appena visibile su questa linea, scavalcando macerie che emanano una debole luce verde, nuotando letteralmente nel fango, a volte rintanandosi ma poi, non sentendosi al sicuro, continuando a strisciare in avanti. Un altro punto, ricoperto di lattice refrigerante, segue la traccia del primo punto, per tutto il tavolo da gioco, casella nera dopo casella nera.

La grossa aliante invece comincia a girare in cerchio, ha perduto per sempre il contatto visivo con la preda. Dopo avere sorvolato la zona insistentemente, si dirige di nuovo verso Oh-jaroh4: forse, pensa il pilota, la preda è tornata sui suoi passi.

In fondo alla scacchiera c'è una rampa che l'elettrotreno percorre ogni giorno per vomitare nelle fauci del termoconvertitore i suoi stessi escrementi. La rampa si snoda verso l'alto a spirale, stagliandosi come un'enorme molla nera contro l'orizzonte che può essere solo immaginato.

I punto giallo di nome MarcoM arriva al fondo della scacchiera, si avventura su per l'impiantito viscido della rampa di accesso. Tautab lo vede mentre si arrampica, lo insegue. La rampa, che è la coda dello stercorario, potrebbe essere quella del mostruoso Minosse. Si avvinghia su se stessa sette volte, portando i vagoni dell'elettrotreno all'altezza di oltre dieci piani di palazzo antico.

Mentre Tautab arranca e ansima su per lo scivolo infernale, dall'altra parte, come un'ombra gialla, scorge ogni volta la sua preda e le grida di fermarsi. Ma poi il fiato gli manca e ha forze soltanto per continuare a salire, di corsa, in silenzio.

Al penultimo giro della settima spira, volta istintivamente la testa per seguire il movimento parallelo della sua gialla ombra, che presto non avrà più scampo. Invece, uno spettro giallo sfreccia per un attimo verso il basso, nell'aria densa di pioggia rovente.

Tautab arriva alla fine del percorso e, terrorizzato, si arresta di scatto. Dopo la brusca interruzione della rampa, al di là del bordo in ghisa incrostato di catrame e fango nero, la voragine si apre famelica sopra le mascelle spalancate del mostro in attesa. Tautab vince un brivido profondo e si sporge per vedere la mandibola dello stercorario: la scorge appena, infatti, piena di pece viva e fremente, protetta dalla pioggia che ora è torrenziale e dalla nebbia che sembra fumo di carbone. Dentro a quelle fauci si dovrebbe cercare ciò che resta del trans-nucleico chiamato MarcoM.

La piaga aperta di B-Milano aspetta senza chiudere occhio l'arrivo del mattino uguale alla notte, distesa come un cadavere mummificato e incatramato attraverso la pianura. Quasi al centro, vicino all'enorme insetto che macina e macina, un piccolo riflesso di lattice scende lentamente da una rampa attorcigliata: una spira, un'altra spira, un'altra ancora.

La bocca di vulcano chiamata Nord-al-Baqri non si risveglia e non erutta lava arancione: sarebbe un segnale di vita. Si limita a produrre qui e là qualche bolla di gas che ne rimescola la fornace di ceneri e asfalto. In uno dei suoi settori, un grumo di catrame di nome B-Milano è troppo piccolo perché sia possibile vedere che la sua miliardesima parte, sotto forma di un atomo in lattice con la faccia da sbirro, scende la penultima spira, poi l'ultima. Tautab accende una chiamata mentale. Dopo alcuni minuti una microscopica aliante del califfato scende a prelevare quell'atomo e lo porta via, in un riflesso veloce di metallo che subito scompare nella pioggia.

.

Quando la donna si sedette di fronte a me, stavo giocando a elettro-scacchi nel mio caffè preferito con un collega irlandese. Sì, sempre la stessa partita. Ci vuole pazienza con gli elettro-scacchi.

Era la mia ex-concubina. "Ciao Tautab," mi disse, con una gentilezza che non riuscì a incantarmi. La conoscevo bene.

"L'ultima volta che ci siamo visti," dissi, "mi hai mollato una grana."

"Io? È impossibile! Come ti va la vita?"

"Paolina, cosa vuoi da me?"

"Ma niente! Perché sei sempre così nervoso?"

"Primo, perché da tre mesi non ricevo il tuo assegno…"

"Caro, proprio di questo volevo parlarti."

"Lo immaginavo. E secondo, ho avuto una sfuriata di Marid."

"Il tuo capo?"

"Sì. Il fido Alivs gli ha riferito che non mi sono mostrato molto propenso al gioco di squadra. In più, il trans-nucleico a cui davo la caccia si è trasformato in un mucchietto di fango."

"Che schifo. Va bene, uno in più, uno in meno," commentò Paolina con la sua famosa delicatezza.

"Non è uno schifo, è un disastro. Conosci Hedra? A sua insaputa mi ero accordato con il suo capo, un vecchio terribile, per vendergli sottobanco il trans-nucleico. Ne avrei ricavato una partecipazione del 15% nel suo negozio di droghe!"

"Mi spiace."

"A proposito di Hedra, non riesco più a trovarlo. Speriamo che gli sia successo qualcosa di grave. Varrebbe la pena di doversi trovare un altro informatore, pur di sapere che è morto."

"Vedo che oggi sei particolarmente acido!" disse alzandosi. "Magari ci vediamo un'altra volta. Ti saluto."

"Un momento, e il mio assegno di mantenimento?"

Ma la maledetta era già riuscita a intrufolarsi tra la gente che affollava il caffè. Non appena vidi scomparire la sua testa di vatussa tra le altre teste, capii che non c'era molta speranza di ottenere più qualcosa da lei.

Cercai di concentrarmi sulla elettro-scacchiera. L'irlandese mi aveva appena mangiato la regina. Per un attimo, ma solo per un attimo, desiderai di trovarmi di nuovo sull'orlo di quella rampa a guardare giù nei vortici senza fine di fango e catrame che giravano, giravano, giravano.

Kryptonite (un nuovo Gregor Samsa)

"Poi alzò le braccia contro il cielo, le allargò
e con tuffo dentro il vuoto si lanciò..."

Il mio amico Giorgio mi telefonò dopo pranzo, un sabato di maggio. L'ultima volta l'avevo sentito solo qualche mese prima. La sua voce tradiva una grande agitazione; io pensai immediatamente a qualche disgrazia capitata a lui o alla sua famiglia. Invece no, mi disse, niente di grave. Però doveva vedermi al più presto, anzi subito. Mi diede appuntamento in un caffè di piazza Grande.

"Sei sicuro di stare bene?" gli domandai.

"Sì, sì. Però, per favore, non fare tardi. Ti aspetto alle tre. Facciamo le due e mezza. Ti spiace?"

Guardai l'orologio. Mancava un quarto d'ora.

Lungo le vie di Modena, il sole gettava un po' di calore sotto i portici percorsi da pochi pedoni e qualche ciclista. I nobili palazzi dalle facciate dipinte, del rosso e del giallo che prendono il nome dalla città, aspettavano con poca pazienza l'ombra dei loro dirimpettai, considerandola probabilmente un'odiosa ingerenza territoriale. Le loro imposte non del tutto spalancate sembravano gli occhi sospettosi dei vecchi contadini di San Prospero o di Mirandola quando il vicino sconfina col trattore nei loro campi seminati a cocomero.

Ricevetti un sms dal numero di Giorgio: *Sbrigati!*

Arrivato in piazza Grande da sud, dovetti fermarmi un istante sull'acciottolato. Lo faccio sempre quando ho il fiato grosso, o quando il marmo bianco del magnifico duomo, che pure conosco a memoria, sbuca da dietro l'angolo di corso Canal Chiaro o di via Albinelli. Se la torre Ghirlandina fosse una meridiana solare, e non credo che lo sia mai stata, la sua ombra mi avrebbe detto che non ero in ritardo. Però Giorgio era già davanti al bar, camminava nervosamente guardandosi intorno. Quando mi vide mi corse incontro.

"Ti aspettavo," disse. Mi sembrò molto invecchiato dall'ultima volta che lo avevo visto. Non ricordavo che i suoi capelli fossero così grigi. Aveva vistose occhiaie, l'incarnato pallido e in generale l'aspetto di chi non dorme da molte ore.

"Come stai?" gli chiesi istintivamente.

Si guardò intorno con fare sospettoso e: "Andiamo dentro" mi disse.

Volle sedersi al tavolino più nascosto, in fondo al bar, dietro una rientranza del muro. Tirò fuori un pacchettino che poteva contenere un libro e lo posò con mille cautele davanti a sé.

"Si può sapere," cominciai.

"Aspetta! Fai parlare me, per piacere. Intanto ti ringrazio per essere venuto, sei stato molto gentile e lo apprezzo. Due caffè, grazie."

"Come prima cosa," riprese quando il cameriere fu lontano, "voglio dirti per quale ragione mi sono rivolto proprio a te, tra tutti i miei amici. Non ci sentiamo spesso, noi due. Ecco, forse è proprio per questo. Devo raccontarti…" si interruppe e roteò gli occhi come chi sta per svenire.

Non feci in tempo a prestargli soccorso, che si rianimò di scatto e riprese: "…sì, voglio raccontarti una cosa che mi è successa; tu sei l'unico, credo, che non mi prenderà per pazzo. Gli altri, oh, sì! gli amici, e che amici, sarebbero prontissimi ad aiutarmi! Il povero Giorgio dà i numeri, chi è il primo a prendersi cura del povero Giorgio? Ah! I miei parenti, poi, quei maledetti, dal primo all'ultimo!"

Era diventato piuttosto paonazzo. Lo pregai di calmarsi e, dopo alcuni minuti, si quietò.

"Tu sapevi," cominciò, "che ho fatto le scuole medie qui in centro?"

"No," risposi.

"Era l'istituto M***, ma ora non c'è più, è diventato un palazzo residenziale. Quando frequentavo la terza, c'era in classe con me un ragazzo di nome Lello. Era molto forte nelle materie scientifiche ma non se la cavava male neanche nelle altre. Per dirla tutta, era un vero secchione. Portava un paio di occhiali come fondi di damigiana. Inutile dire che non aveva amici, né ebbe mai una ragazza. Solo a me, chissà per quale strana ragione, faceva la grazia di una sincera amicizia. Era sempre oggetto degli scherzi di tutti, scherzi talvolta molto pesanti. Hai presente uno di quei tipi, come ce n'è quasi in ogni classe, ai quali la natura ha fatto il dono di un'intelligenza superiore? In cambio, però, sono immancabilmente esclusi dal consorzio umano, che di questa qualità non sa che farsene."

A questo punto fece una pausa per prendere fiato. Io ne approfittai per dire: "Senti, mi ha fatto molto piacere prendere un caffè con te, ma ho certe commissioni da fare…"

"Aspetta!" esclamò di nuovo con uno sguardo che a me parve da matto. "Non ti ho detto qual era il passatempo preferito di Lello. Perché Lello, oltre allo studio, aveva una seconda ragione di vita. Non erano le ragazze, no, e poi non lo avrebbero mai ricambiato, no! L'amore di Lello erano i fumetti!"

"I fumetti?" domandai con l'aria che me ne importasse qualcosa. Ero rassegnato a seguire il suo ragionamento fino alla fine, se non altro per un'ombra di curiosità che i suoi modi circospetti avevano fatto nascere in me.

"Di Superman!" esclamò trionfante. "Dio, quel fumetto l'aveva sempre con sé, sotto braccio, sul banco, o tra le mani in corriera. Se vedevo arrivare Lello alle otto del mattino nel cortile con i suoi fondi di damigiana, stai pur sicuro che dalla sua cartella spuntava un angolo del suo albo preferito: Superman! E durante le feste, a casa di qualche genitore assente, mentre tutti si ballava e si limonava e ci si appartava, Lello era sempre in un angolo a leggere Superman, con il sorriso più beato del mondo.

"Almeno una volta al giorno ci divertivamo a dargli il tormento, a quel povero Cristo. Dico che ci divertivamo, non che si divertivano, perché anch'io godevo nel vedere preparare per lui qualche scherzo crudele e disumano. Solo che, essendo il più vigliacco, di solito mi limitavo ad assistere, per poi prendere un'aria da innocentino quando incontravo lo sguardo di Lello. E il poveretto, Dio mio!, da dietro le sue damigiane, mi guardava con tanta fiducia, immaginando in me chissà perché il suo unico vero amico, che non so davvero come ho fatto a non sprofondare, prima o poi, nel cortile dell'istituto M*** con la mia viltà e tutti i miei inutili libri!

"Se tu pensi che a me sia mai passato per la mente di difenderlo, mi sopravvaluti di molto. No, no, non feci niente quando qualcuno (dei compagni crudeli che lui sottovoce definiva *kryptonite*) gli mise la colla rapida sulla sedia, sedia che a lui toccò poi portare a casa. Restai a guardare quando un bullo lo spogliò al bar delle pizzette lasciandolo lì a prendere gli sberleffi dei presenti. Feci un sacco di risate quando gli fecero lo sgambetto mentre scendeva dalla corriera, e non credo che abbia mai più trovato l'apparecchio per i denti, per quanto si sia affannato dopo a cercarlo. Mi divertii un sacco quando gli smontarono le lenti degli occhiali e gliele rimontarono al contrario: fu come se Lello avesse preso una qualche droga sintetica. Quando l'ultimo della classe gli mise di nuovo la colla tra la sedia e i calzoni, calzoni che sono stati trovati di recente in un sottoscala. O quando, sopra un vecchio bob, lo lanciò lungo il corridoio del terzo piano fin dentro un cestino della carta."

Vedevo Giorgio così abbattuto che mi sentii in dovere di attenuare il suo senso di colpa. Dissi che a tutti è capitato di avere in classe uno zimbello, uno di quelli maltrattati dai compagni. E a qualcuno sarà pur capitato di esserlo, senza che ciò costituisca una tragedia.

Ma lui continuò dopo un'occhiata complice alla piazza, come se avesse voluto comunicare al famoso blocco di porfido che non potevo capire, e di questo non si stupiva. Se gli fosse venuto in mente, credo che vi sarebbe invece salito in piedi, come si faceva mille anni fa, per raccontare ai modenesi quella storia senza capo né coda.

"Stai zitto," continuò, "e vedrai che alla fine tutto ti sarà più chiaro. Insomma, credo di averti bene delineato i tratti fisici e caratteriali di Lello. Se non provi compassione per lui e per tutti quelli come lui, o io sono un pessimo narratore o tu sei senza cuore.

"Dopo tanto leggere quei dannati fumetti, qualcosa doveva pure accadere, e infatti accadde. Se Lello è stato il primo della storia a subire una così terribile conseguenza, è solo perché mai nessuno prima di lui fu tanto avido delle avventure di Superman, ne sono certo. Stai a sentire.

"Una mattina, Lello si svegliò e si accorse di essere diventato un fumetto. Sua madre mi chiamò in preda al terrore, il mio numero era l'unico segnato sull'agenda del poverino. Ti ho già detto che per chissà quale strana ragione mi considerava meno crudele degli altri, e in qualche modo una specie di segreto amico. Infatti ero l'unico che lui non collocasse nella categoria dei *kryptonite*. Quando arrivai a casa sua, la madre sconvolta mi introdusse nella stanza di Lello, e allora, oh, Dio!"

Giorgio si accasciò sul tavolino e prese a piangere a dirotto, singhiozzando forte e ripetendo più volte: "Oh, Dio! Oh, Dio!"

Tentai di calmarlo posandogli la mano sulla spalla, ma senza molto successo. Così non mi restò che attendere la fine di quello sfogo, tanto imbarazzante per me quanto curioso per il barista e per una vecchia appollaiata all'altro angolo del bar.

"Era accanto al letto, in piedi," riprese finalmente Giorgio, "e sembrava proprio uno di quei pannelli che si trovano davanti ai cinema e ai videonoleggi, con l'attore protagonista fotografato a grandezza naturale e poi ritagliato nel cartone. Pensai dapprima che Lello non ci fosse e mossi gli occhi per cercarlo nella stanza. Ma puoi immaginare il mio terrore, quando mi accorsi che quello da me scambiato per un cartone mi veniva incontro, muovendosi con perfetta naturalezza! Era Lello, sì, era proprio lui, solo che aveva un contorno fatto con la china nera ed era colorato a pastello. Se per caso hai visto una fotografia ritoccata col pennello per aggiungere un personaggio, ecco l'effetto che dava Lello nella sua stanza, con il letto, il comò, e tutti gli altri oggetti reali e realistici, e lui in mezzo come uno spettro disegnato!

"Svenni. Quando mi risvegliai ero sul letto di Lello. Sua madre mi stava facendo aria con un quaderno. Pensai dapprima di avere sognato tutto, ma il disegno di Lello fece capolino da sopra la spalla della madre chiedendo, premuroso com'era: "Ti senti meglio?"

"Allora mi resi conto che stava succedendo qualcosa di troppo forte per la mia debole mente di quindicenne brufoloso. Tenemmo una specie di consulto, io, la madre di Lello e il suo simulacro, se posso esprimermi così. La signora, fuori di sé, voleva a tutti i costi chiamare un medico, ma Lello si oppose. 'Io sto bene,' disse, 'siete voi piuttosto che mi sembrate strani. Tu, Gior-

gio, sei molto pallido, e mia madre farebbe bene a farsi una ca-
momilla.'

"Non ci fu niente da fare. Restai lì qualche ora, meno per Lello che per la povera donna, poi me ne andai. Non mi chiedere che

cosa mi passasse per la testa mentre uscivo dalla stanza di quella specie di cartoon vivo e pensante. Quella notte, naturalmente, non chiusi occhio: la mattina mi alzai da letto con l'impressione di avere sognato da sveglio. Senza ricordare bene i dettagli di ciò che mi era successo il pomeriggio precedente, come se fosse stato solo un incubo che rapidamente si dissolveva nel tempo, andai a scuola.

"Quando la campanella stava per suonare, e quasi tutti avevamo preso posto al banco, la porta si aprì ed entrò Lello. Stavolta lo osservai meglio, sempre con l'idea che in fondo non si trattasse di un'esperienza reale. Il suo contorno era ben fatto, segno che l'inchiostratore aveva seguito una matita precisa. I colori non avevano una sbavatura, parevano fatti artigianalmente con una manualità superiore. Le sfumature, poi, e le ombre, erano impeccabili.

"Lo strano disegno si sedette tra lo stupore generale; come se niente fosse tirò fuori da una tasca il suo fumetto di Superman e attese tranquillamente il suono della campana. Il clamore del suo ingresso sì placò in fretta. Fu questa la cosa che mi stupì maggiormente. Dopo una mezz'ora, né il professore né i miei compagni sembrarono più essere turbati dallo strano aspetto di Lello. Forse l'avevano giudicato miseramente strambo per un tempo così lungo, che ormai nulla poteva aggiungere un grammo al loro stupefatto disprezzo per un essere tanto diverso da loro. Che Lello si presentasse con una cravatta a pois o trasformato in un drago nocciola o nel personaggio di un fumetto, avrebbe suscitato in essi la stessa indifferenza. Solo il mio cuore batté con un ritmo sostenuto per tutta quella mattina. Allora cominciai a comprendere perché, tra tutti i suoi conoscenti che lui segretamente detestava, io ero l'unico a non essere marchiato con il nome infamante di *kryptonite*."

Giorgio si fermò e mi guardò, come per verificare che lo ascoltassi con tutta l'attenzione che un caso così singolare richiedeva. Per conto mio, non mi sarei distratto neanche se il barista ci avesse cacciati fuori per la chiusura del locale, anzi avrei continuato ad ascoltarlo perfino sul selciato della piazza. Che il mio amico Giorgio fosse decisamente matto o solo un po', come si dice, fuori di testa, era un problema secondario. Forse non era né l'uno né l'altro, ma si era fatto suggestionare dalla metamorfosi di Kafka o da quelle, ben più stupefacenti, di Ovidio. O magari, come il signor Don Chisciotte, aveva letto troppe avventure fantastiche, finendo per considerarle reali e cadendovi, per così dire, dentro. Non ne avevo idea, ma in quel momento ci tenevo a conoscere la fine di una storia bislacca e improbabile, che però mi faceva sentire stranamente vicino al suo protagonista.

"Così," ricominciò Giorgio, "il simulacro di Lello frequentò normalmente la scuola, lesse normalmente Superman negli intervalli tra le lezioni, fu normalmente bersagliato di cancellini che lo stropicciarono e lo riempirono di macchie di gesso, normalmente bisbigliò di nascosto *kryptonite* all'indirizzo dei suoi aguzzini, e continuò ad esistere sotto forma di un disegno contornato e colorato che riproduceva le fattezze di Lello, compresi i fondi di damigiana e tutto il resto.

"Ma, una brutta mattina, mi accorsi che i suoi colori non c'erano più. Si presentò in classe come un fumetto in bianco e nero. Le sfumature e le ombre erano rappresentate con tratti sottili di china, più o meno fitti a seconda dell'effetto da suscitare. Lo presi allora da parte e gliene parlai con molto tatto, ma non fu facile.

'Lello,' cominciai.

'Oh, ciao,' rispose lui, gentile come sempre nei miei confronti. 'Hai studiato geografia?'

'Senti, Lello, devo dirti una cosa.'

'Sì, lo so, domani interrogano anche in matematica.'

'No, volevo parlarti della tua… ecco, della tua trasformazione.'

'Sì, l'equazione è difficile. È di secondo grado.'

'Sono preoccupato, sai. Finché eri colorato, passi. Ma ora! In bianco e nero!'

'Il Reno scorre in Germania, credo. Ma non era da studiare, vero? Oddio, era da studiare anche la Germania?'

'Dovresti farti vedere da un medico, Dio santo, Lello! Mi meraviglio che tua madre non l'abbia già chiamato. Ma non ti senti un po' strano?'

'In effetti, sì. A che proposito?'

'Lello, tu stai male! Sono molto preoccupato! Ascoltami!'

'Perfetto. Allora, facciamo così. Vieni a casa mia, oggi pomeriggio. Ci facciamo una cioccolata e io ti spiego le equazioni.'

'No, no, non hai capito, accidenti…'

'Tu, però, porta la pianta della Germania!'

"Passarono così dieci o quindici giorni. Purtroppo il processo era irreversibile. Non vorrei doverlo dire, sai, ma arrivò il mattino in cui mi toccò di vedere arrivare a scuola Lello ulteriormente trasformato. Aveva un contorno leggero, come quello che i fumettisti tracciano con la matita per fare uno schizzo preliminare. C'erano molte linee, sul suo corpo, e cancellature. Forse il disegnatore aveva tracciato dei segni liberamente, con una mina morbida, senza preoccuparsi di sbagliare, finché non aveva ottenuto il risultato perfetto. Avevo il terrore che toccasse una gomma; non appena mi fu possibile gliele nascosi tutte.

"Per circa due settimane Lello visse così, fatto di grafite, con un contorno confuso. Pareva che, di tutta la scuola, io fossi l'unico a farci caso. Nessuno, nemmeno in quel periodo, gli risparmiò i soliti scherzi crudeli e le solite derisioni feroci, per i suoi fondi di damigiana o per la sua mania di leggere le avventure di Superman.

"Ma senti questa. Un pomeriggio, incontrai al discount la madre di Lello. Dovetti constatare con orrore che era tranquilla, felice in apparenza. Sembrava avere del tutto dimenticato che suo figlio, una volta, era fatto di carne e sangue e si espandeva su tre dimensioni, anche se con poca grazia. Nel salutarmi, mi disse perfino che Lello si era perfettamente ripreso dal leggero malore (il leggero malore!, capisci?) di poco tempo prima, e che non era mai stato così florido.

"Ora finalmente comprendevo molto meglio quei narratori che nei loro racconti hanno descritto avventure in apparenza impossibili, ma che evidentemente, come me, dovevano avere vissuto sulla loro pelle! In quel periodo conobbi intimamente gli scrittori che fino a poco tempo prima avevo avuto in odio, forse perché la loro compagnia mi era stata imposta dai professori. Credetti fermamente ai conigli parlanti del dottor Carrol, e non ebbi nessun dubbio che i calchi di mammella e i piedi di mummia del signor Gautier potessero far fare agli uomini un salto nel tempo.

"Vissi questo periodo della mia vita come un lunghissimo incubo, o dovrei dire piuttosto come un sogno, perché dopotutto Lello era sempre vivo, intelligente e sensibile, e mi faceva oggetto della sua ingenua amicizia.

"Alla fine, come era logico aspettarsi, Lello scomparve del tutto.

"Una mattina non venne a scuola, e nemmeno i giorni successivi. Telefonai a sua madre ma non ottenni che vaghi vaneggiamenti sul fatto che il figlio stava bene ma non apparteneva a questo mondo. Da allora non ho mai più rivisto Lello. Il dolore per la perdita di quell'amico strambo ma sincero mi ha sempre accompagnato.

"Successivamente, divenuto adulto, ho anche provato a fare delle ricerche, per scoprire che il nome di Lello non fu mai scritto su nessun registro dell'istituto M***. Oppure, come se fosse stato tracciato con un segno leggero di matita dalla pasta morbida, la mano di una segretaria, o di chissà chi, ha preso una gomma e l'ha cancellato dal tempo."

Giorgio smise di parlare, abbassò la testa e fece una lunga pausa che mi gettò nello sconcerto. Si sentiva male? Dovevo scuoterlo da quel torpore o chiamare il 118? Non sarebbe stato meglio andarmene lasciandolo immerso nella sua fantasia? Abbassai la testa per guardarlo in viso e, da quella posizione di yoga, gli domandai gentilmente: "E poi?"

Rialzò la testa di scatto, tanto che fu un miracolo se non si slogò l'osso del collo, mi guardò con due occhi da gufo, infine bisbigliò: "L'ho trovato!"

"L'hai trovato?" dissi. "Chi, Lello?"

"Lello!"

"E dove?"

"Qui viene il bello. Ascolta. L'ultima volta che lo vidi era formato da un sottile tratto di matita. Da quel giorno sono passati più di quindici anni. Tre giorni fa, passando davanti a un'edicola, tra i fumetti ho scorto una scritta: Superman. Allora mi è tornato in mente il povero Lello, e tutti i compagni che lui chiamava *kryptonite*. Ho pensato che, di tutti quei ragazzi brufolosi, qualcuno ha fatto carriera in banca, qualcun altro vende verdure all'ingrosso; il più fortunato, da quello che ho sentito, ha una fabbrica di frigoriferi e ne ricava un bel profitto. Ma Lello, Lello dov'è finito? In quale mondo legge il suo fumetto preferito e capisce al volo un problema d'algebra? Da qualche parte c'è qualcuno che gli lancia addosso il cancellino, o peggio? E la sua gentilezza, di cui a nessuno importò mai niente, è ancora disprezzata da una ragazza irraggiungibile con la pettinatura all'ultima moda? Queste erano le domande che mi ponevo, lì fermo come un salame davanti all'edicola. Alla fine ho acquistato l'albo e su una panchina di piazza Mazzini l'ho letto in onore di Lello. Ed ecco la sorpresa! A pagina 23, l'ho visto!"

"Chi?" domandai, anche se un brivido sulle braccia mi diceva che era meglio non saperlo.

"Guarda tu stesso," disse Giorgio. Aprì l'involto, ne estrasse un giornaletto a colori e prese a maneggiarlo. Arrivato alla pagina giusta, me la mostrò trionfante.

Io esitai a guardare. Non mi piaceva per niente, quella situazione.

"Guarda!"

Guardai. In una vignetta c'era Superman che volava, con il vestito da supereroe, il mantello e tutto il resto. Accanto a lui fluttuava un altro personaggio che non riconobbi: non aveva riscontri nel vasto universo di eroi di carta da me conosciuto. Sembrava un ragazzino sovrappeso con grossi occhiali e una cartella sotto il braccio. Dalla confidenza che sembrava esistere tra i due, si sarebbe detto che il ciccione miope fosse l'assistente di Superman come Robin, se non sbaglio, lo è di Batman. Ma non ricordavo che Superman lavorasse in coppia.

Giorgio era raggiante: "Sai chi è?" mi domandò sorridendo.

In un istante decisi che non lo volevo sapere. Mi alzai di scatto e mi diressi verso l'uscita. Giorgio mi seguì da presso ripetendo la sua domanda: "Chi è, lo sai?"

"Lasciami in pace," gli intimai appena fummo fuori del bar. "Ti ho ascoltato fino in fondo in nome della nostra conoscenza, se non proprio amicizia, ma adesso esageri. Ho molto da fare. Grazie per il caffè!"

Fuggii a lunghi passi verso la via Emilia, deciso a dimenticare quello spiacevole pomeriggio e lo strano individuo che me l'aveva rovinato. Se non mi misi a correre fu solo, credo, per non essere ridicolo agli occhi dei passanti che ormai sciamavano per ogni varco del centro storico.

Ma Giorgio non si diede per vinto e, pur rinunciando ad inseguirmi, mi gridò da lontano: "Aveva ragione lui! Aveva ragione lui!"

Mi diressi in gran fretta verso casa con la voglia di accendere il televisore. Se avessero dato un *talk-show* sarebbe stato perfetto, anche se, disperato com'ero, mi sarei accontentato di un *reality-show* pieno di *vip*, brulicanti come un ammasso di *kryptonite*.

Le ombre degli altorilievi sui fianchi del duomo contrastavano con la luce bianca che pareva emanare da quel marmo pieno di misteri. In piazza Muratori commisi un'imprudenza: gettai un'occhiata verso l'edicola. Un pezzo di sole si rifletteva nei vetri di una finestra e scendeva implacabile ad illuminare, nella fioca giornata che ormai moriva, un angolo sporgente tra i fumetti.

Sotto la scritta Sup, che forse stava per Superman, due occhiali come fondi di damigiana mi scrutavano dalla copertina, con un misto di felicità e gentilezza che non ho mai più veduto in vita mia, né a Modena né altrove, provenire da un cuore di carne o di carta colorata.

140 km/h (una favola indiana)

"Senti come tira forte il vento,
ora."

Che cosa fa il vecchio bramino con i piedi nel sacro Gange? Sorride, e con la pelle così nera e rugosa sembra un banano centenario. Alla luce di un lume compie le sante abluzioni.

Ora siede su un sasso che ha visto il cielo ai tempi di Rama, si volta accondiscendente, comincia a narrare la favola del re Aparishamal, il giovane principe, il diamante dell'Upanistan.

Alla sua corte gli schiavi seminudi servivano dolci modellati con il ghiaccio e la neve, frutti sconosciuti e fiori portati dai viaggiatori dell'ovest. Dalle terrazze della sua camera, Aparishamal si compiaceva di osservare l'abbraccio del sacro fiume con l'oceano figlio del Gange, ammirava la città di Gharmetha distesa come un tappeto di Persia acceso dai lumi, piccoli e grandi, delle case e degli approdi; e più in alto le torce sistemate nei portici dei templi di Brama. Da quella posizione privilegiata, il cielo dell'India partiva da sopra la testa del principe dagli occhi di carbone, ne percorreva tutto il regno, si specchiava sulle onde salmastre, pareva continuare sulla terraferma tra le umili stelle di stoppa accese dai mattonai e, come un alito di vento, veniva infine a morire ai suoi piedi.

Tra le sue compagne ce n'era una, Amina, con la pelle argentata, le caviglie di filigrana d'argento e lo sguardo di argento vivo. Era la favorita del principe e l'unica che potesse parlargli da pari. Al finire del lungo monsone, il principe Aparishamal era nel vano d'una finestra, gli occhi sul riflesso della luna sopra il mare nero. La giovane Amina si trastullava i capelli sopra un tappeto ricamato e piluccava dell'uva. Le sfuggì un sospiro. Il principe trasalì e le domandò se qualcosa la turbasse.

"Oh, nulla, mio principe."

"Ma hai pure sospirato! Se c'è un'ombra sul tuo cuore, sai che puoi confidarti."

Per tutta risposta, la fanciulla sospirò di nuovo con lo sguardo basso. Aparishamal si allarmò, perché non avrebbe barattato la felicità di Amina per un regno terreno, né per uno divino. A tal punto, il nobile principe amava quella sua favorita.

Dopo molte insistenze e molte moine da parte del sovrano, dopo che dieci o dodici sospiri furono usciti dalla bocca di lei, Amina disse: "Ahimè, mio principe. Poiché me l'ordinate, parlerò."

"Sì, te lo ordino, anima mia."

"I sospiri che voi vi degnate di notare non sono che l'immagine esteriore della mia tristezza. Voi mi trascurate! Oh, com'ero felice, solo prima del monsone! Come brillavano i vostri occhi quando mi vedeste per la prima volta! Quasi nello stesso istante mi compraste dall'eunuco Wardhi; e quella stessa notte, quante volte la vostra presenza regale visitò le mie umili stanze!"

"Mi spiace, dolce Amina, che tu parli così. Non brillano forse ancora i miei occhi quando il tuo piedino di porcellana varca la soglia delle mie camere, quando mi fai omaggio della tua intelligenza sottile come i tuoi polsi, quando mi intrattieni in discorsi così pieni di arguzia e buon senso?" disse il principe.

E la favorita rispose così: "Buon principe, stella dell'India, rivolgete ad altre più illustri fronti l'elogio d'esser piene di saggezza! Ai vostri visir, ai consiglieri di guerra, ai ministri che indegnamente vi rappresentano nel riscuotere le tasse e le decime. Poiché io non sono né vecchia né barbuta; e questo corpo, che la fortuna ha destinato ad essere ingiustamente apprezzato da voi, è fatto da Shiva per altri discorsi che non quelli filosofici! Ah, filosofeggiavate bene d'amore, il vostro attaccamento a me si esprimeva con altro che le parole! Non era con la lingua mortale che mi giuravate il vostro bene, ma con una lingua più eloquente, e in un idioma tanto raffinato e pure tanto comprensibile a chi, come questa vostra schiava, vi è tanto inferiore per condizione e per nascita!"

Sorpreso da questo discorso, Aparishamal non seppe come rispondere. Era la prima volta che una concubina osava parlare così schiettamente al sovrano, ma tanto coraggio non fece che accrescere in lui la stima verso Amina. Così le disse: "Ti assicuro, bene mio, che non ho dimenticato il giorno in cui ti vidi. Il mio amore per i tuoi occhi sbocciò all'istante, più velocemente di qualsiasi altra cosa al mondo."

"No," rispose la schiava con l'ardire di chi non dubita d'essere amata, "non mi amate! Siete il mio padrone e farete di me quello che volete; io l'accetterò di buon grado. Ma non mi convincerete mai che il vostro non sia stato solo un capriccio da uomini. Mi avete comprata come altre dopo di me e, se non ne avete comprate in gran numero prima, lo si deve meno alle mie doti che alla vostra giovane età."

"Ma non ricordi, forse, che all'istante ti volli per me?"

"Mio principe, perdonatemi," replicò Amina, "ma non fu all'istante. Voi forse vi invaghiste di me, ma non fu così velocemente!"

Il principe si accigliò: "Dal momento in cui ti vidi, ti dico, ti volli per me. Nulla al mondo può essere più rapido di quanto lo fu il mio desiderio."

"E invece," disse Amina, "c'è qualcosa che Vostra Altezza ha dimenticato, che è più veloce ancora del suo amore, se d'amore si tratta," aggiunse con malizia.

Aparishamal obiettò che non c'era niente di più veloce. Il suo innamoramento era stato più rapido di un fulmine, di un falco dalle ali nervose quando si getta sulla cicogna in volo, d'un battere di ciglia.

Questo discorso sulla velocità continuò per molte ore. La stella Aldebaràn prese lentamente il posto della stella Andromeda. La voce del giovane principe indiano Aparishamal, mescolata a quella della sua favorita dai capelli d'ebano, uscì a folate dalle ampie traforature del loggiato reale; scivolò sulla notte verso le spiagge, dove le figlie di sarti e i figli di bottonai vanno da sempre a scambiarsi promesse silenziose; perlustrò le onde scure tagliate in due dalla lama della luna; entrò in un orecchio di Brama. Brama si svegliò e distese il ginocchio lucente sull'orizzonte addormentato.

A giorno fatto, il sovrano disse alla favorita Amina l'ultima parola, perché questa è prerogativa dei principi: "Basta! Partirò. Dovessi anche morire in viaggio, non tornerò al palazzo finché non avrò trovato la cosa che tu non vuoi dirmi, e che sarebbe più veloce del mio amore per te!"

Si fece sellare il cavallino Zenìt e, con lui solo, si mise in cammino verso le rive del fiume. Sulla farina bagnata del Gange lanciò Zenìt al galoppo come un demonio. Dopo pochi istanti capì che non poteva esistere nulla di più veloce del cavallino arabo Zenìt, dai nervi tesi e forti come funi di nave. Ma sulla riva, seduto su fasci di cordame, un vecchio barcaiolo riparava canapi. Vide il principe avvicinarsi a cavallo; lo riconobbe. Subito si inginocchiò deferente ma Aparishamal, smontato con un salto da cavallo, lo fece rialzare e gli parlò da pari: "Buon amico, che al

Tempo hai regalato il nero dei capelli, rispondi a una domanda, se puoi."

Il vecchio disse: "Principe dei mortali, acqua del Gange, questo schiavo vi appartiene."

"Vedi la criniera del mio cavallino, vecchio? È o non è la cosa più veloce che si muova sopra o sotto il cielo dell'Upanistan?"

"Specchio dell'India, saprei mostrare ai vostri reali occhi almeno una cosa più veloce. Vorrebbe Vostra Altezza degnarsi di salire sulla mia barca con il suo cavallino?"

Il principe fece montare Zenìt sulla povera barca del vecchio indiano, lui stesso vi entrò seguito dal suo suddito, in breve l'imbarcazione si portò al centro del Gange e ne seguì il corso.

"In effetti," riconobbe il principe, "la tua barca corre più del mio cavallo."

"Posso fare di meglio, Maestà." Il marinaio issò sull'unico albero una vetusta vela di cotone tutta rattoppata. La barca acquistò velocità, gli spruzzi dolci e chiari andarono a giocare con i capelli sulle tempie e tra i baffi del sovrano.

"Ora conosco la cosa più veloce che ci sia, ma non si può dire che sia più rapida del mio amore per Amina!"

Mentre in questo modo parlava Aparishamal, un delfino si affiancò allo scafo, fece due salti e sparì davanti alla prua. Era dunque il delfino, il più veloce di tutti!

Così ragionando, giunsero al mare. Sulle rive del delta, i banani erano denti allineati del pettine ligneo di Visnù. Tre vele triangolari erano posate alla fine dell'oceano e con le loro punte sorreggevano un cielo tanto blu da essere viola. Le grida delle scimmie camminavano come spettri sulle foglie della foresta infinita. Il delfino era sparito da un pezzo.

"Vostra Grandezza," disse allora il marinaio, "vogliate sopportare questo servo che vi indica un'onda proprio davanti a noi. Mi pare, se posso dirlo, che vada più rapida del delfino."

Infatti, la schiena lucida dell'onda scivolava verso il largo con la sua coda e i suoi sbuffi: il vento vi aveva posato le palme delle mani.

"Sì, buon vecchio. Che dire, allora, di quella nuvola lassù? Non è più veloce dell'onda, come Zenìt corre meglio di te? Ma il mio desiderio per Amina è stato ancora più veloce, non appena essa ha vòlto il suo volto di luna verso me."

Il vecchio sapeva che quelli del principe erano ragionamenti galanti: "Allora," disse, "che penserete, se il vostro schiavo può permettersi l'ardire, del vento? È lui che sospinge la mia barca, l'onda e la nube; ed è lui, se non sbaglio, che osa spettinare le banderuole del palazzo di Vostra Altezza."

"Ma certo!" esclamò il giovane Aparishamal dalla pelle brunita, "è certamente il vento, la cosa più veloce del mondo, ed ecco cosa intendeva Amina. Tuttavia, anche il vento è più lento del mio amore."

La povera barca attraccò infine; sul porto ci fu grande ressa di popolani che si accalcavano per guardare la perla dell'Upanistan. La notizia del suo arrivo era stata portata dal delfino sorretto dall'onda spinta dal vento. Il sovrano ricompensò il vecchio con due monete, che risplendevano meno degli occhi di un principe in preda alla passione più viva. Cavalcò fuori del porto, lungo le vie polverose e urlanti della città, su per la collina che i suoi avi avevano ereditato, fino al palazzo. Saltare giù dal piccolo Zenìt, consegnarne con un gesto le redini allo stalliere, entrare come il vento nel serraglio delle concubine, fu una cosa sola. Amina era nelle sue stanze, le migliori del serraglio, e componeva poesie.

"Avete trovato, principe degli Indiani, ciò che cercavate?" gli domandò dopo essersi inchinata.

Aparishamal la abbracciò ridendo: "Certo che sì, lampada della luna! Ho trovato molte cose, ma alla fine ho saputo qual è l'elemento più rapido del creato. Né animale, né oggetto, né niente altro che si trovi sotto il cielo di Brama, può vantarsi di correre quanto il vento! Però, luce mia, neppure il vento può tenere testa alla freccia che scoccai dal mio cuore non appena ci guardammo, nel serraglio di Wardhi, il mercante di bellezza, il contrabbandiere di lacrime!"

Amina diede le spalle al principe e si avvicinò alla finestra, nella quale faceva capolino la luna, perché era da poco salita la notte da est. Solo allora il sovrano si accorse che la fanciulla era vestita di graziose cavigliere di ebano - che si sarebbero potute scambiare per anelli alle dita di una regina - e di una leggera veste di lino, meno trasparente della pelle che non poteva nascondere nemmeno alla luce della luna.

Si voltò infine verso il suo padrone mostrando una luna incorniciata dalla notte. Disse: "Ebbene, sole dell'India, spero che vorrete perdonare questa vostra schiava per un silenzio che vi ha fatto viaggiare inutilmente e forse ha esposto la vostra sacra persona a rischi inconcepibili. Avrei potuto trattenervi con una parola, così non avreste stimato erroneamente il vento come il più veloce di tutti gli elementi. No," riprese di fronte allo stupore del principe, "ne conosco uno più veloce ancora, più veloce anche dell'amore di cui avete voluto farmi l'indegno oggetto. È la luce dei miei occhi."

"La luce dei tuoi occhi! Che mi dici mai!" disse Aparishamal muovendo un passo verso la figura di lei.

"Come avrebbe potuto," cominciò Amina, ma continuò con un bisbiglio perché il sovrano aveva avvicinato il viso al suo come il pesce volante sull'acqua dell'oceano. "Come avrebbe potuto il vostro amore scoccare, se la luce del mio sguardo non vi avesse colpito per primo? Ecco qual è l'elemento che li vince tutti, ed è nel regno naturale ciò che voi siete per gli uomini mortali, ciò che è Brama tra gli dei e che le vostre parole sono per il mio cuore."

Aparishamal le disse allora che si arrendeva all'alto ingegno della sua schiava e se ne dichiarava umile servitore. Che se qualcuno li avesse separati, l'avrebbe pensata di notte e sognata di giorno.

Che i capelli, le sopracciglia e le pupille di Amina erano formati della notte sull'India e costellati dei riflessi della luna come Pleiadi sul mare silenzioso. Che la sua bocca era un dattero zuccherino, i seni due melograni, il collo un bianco dolce di riso. Che i suoi fianchi erano conchiglie di marmo, il suo sesso un corallo corvino, il suo ventre un'onda della sera.

Le parole si evolsero e divennero sospiri, la luna si spostò dalla finestra, ognuno dei due amanti fu il mare e l'altro il fiume. Il principe parlò il linguaggio dell'amore con la lingua degli amanti e intanto, con la lingua dei mortali, tracciò parole silenziose. Amina ascoltò con orecchie mortali i sospiri e i silenzi, e con la bocca delle amanti parlò il linguaggio dei sogni. La conversazione senza parole, con le sue frasi, le pause, le esclamazioni, le sue lente divagazioni e i poetici aggettivi, andò avanti finché ci furono argomenti.

La bella Amina aveva sempre saputo che per rinnovare il fuoco occorre soffiare sulle braci roventi una domanda che esige risposta.

Il principe Aparishamal, il diamante dell'Upanistan, per sua fortuna non era andato cercando una donna più avveduta e saggia di Amina: a quest'ora sarebbe ancora in viaggio. Invece imparò che non è il vento, la cosa più veloce del creato. Per tenerlo bene a mente fece correre lo sguardo dai piedi di Amina, piccoli come datteri, lungo i suoi lombi, il suo mento, fino agli occhi, che trovò chiusi e addormentati. Il vento della notte si introdusse furtivo nel serraglio per depositare, come un ladro maldestro, tesori di orchidea, mango e sale.

Il principe chiuse gli occhi e si addormentò.

Antares abbassò la sua palpebra d'argento, poi Rigel, Sirio e le sette sorelle del carro. La via lattea sbatté le ciglia e si assopì. La luna chinò la testa e il suo respiro divenne più profondo. Qualcuno soffiò sui lumini che beccheggiavano sulle prue delle barche ormeggiate sul Gange. Il tappeto della notte regalò al Tempo l'oro dei suoi fili.

Ora, tutto è divenuto nero. Solo in fondo alla linea del sacro Gange, una piccola stella mortale guida il vecchio bramino nelle sue abluzioni. Sembra un banano millenario, siede su un sasso e ha i piedi nell'acqua; alla luce della piccola lampada lo si vede sorridere. Ma la forza del sonno di Amina e Aparishamal consuma anche l'olio del suo povero lume.

Se avesse saputo che una favola è così potente, avrebbe aspettato la fine delle abluzioni prima di narrare quella del re Aparishamal, il giovane principe, il diamante dell'Upanistan.

Gabriele D'Annunzio

"Gabriele ha il naso a tubo di stufa
e le calze le cambia a Natale."

Alcuni anni fa sorgeva (forse c'è ancora) in una cittadina dell'Emilia che non è necessario nominare, una palazzina di cemento grigio. Aveva un'insegna con scritto Circolo Arci, un parcheggio antistante, una cucina non del tutto sporca e un barista di nome Attilio. Costui era alto di spalla, lungo di naso, svelto di mano, tanto liberale nelle bestemmie quanto parsimonioso di deodorante; all'occorrenza sapeva essere giocatore di biliardo, collaudatore di campi da bocce, cerimoniere di tenzoni sportive e gran baro della briscola.

In questo elegante locale, nelle giornate di luglio e soprattutto di venerdì, si poteva assistere alla riunione di quattro giovani gentiluomini del luogo. Arrivavano tutti e quattro con le loro facce normali di trentenni accaldati, salutavano il buon Attilio, si sedevano al solito tavolino e si facevano portare una cura contro la disidratazione. O a causa del tavolino (le cui gambe avevano tra loro opinioni diverse sulla geometria), o per paura di una morte repentina per mancanza di liquidi, fatto sta che le birre ghiacciate sparivano molto più velocemente di com'erano arrivate. E dopo aver bevuto due o tre birre a testa, i quattro amici s'ingegnavano di inventarsi il resto del pomeriggio e, se possibile, anche la serata. Poiché nessuno di loro mancava di spirito (e non mi si fraintenda) il loro più grande piacere era quello di ordire uno scherzo ai danni di qualche avventore del bar.

Accadde un venerdì pomeriggio di luglio, particolarmente torrido, che i quattro amici si ritrovarono al solito tavolino, bevettero in proporzione al caldo e si guardarono negli occhi a lungo perché l'afa, forse con la complicità della birra, aveva tolto a ciascuno di loro la forza di muovere la lingua.

Ma il più sudato di loro, Matteo, si asciugò la fronte con un tovagliolo di carta, poi lo ripiegò per drenare l'acqua in eccesso dall'attaccatura delle braccia, poi ci si pulì il naso, poi un dente, quindi azzardò: "E se facessimo la Bella Addormentata?"

"L'abbiamo fatta due mesi fa," rispose Mauro, giovane di buona società. Bisogna notare che questo Mauro faceva una migliore impressione ad ascoltarlo che non a guardarlo, perché l'unica unghia che non portasse orlata di nero era quella che gli era caduta lavorando di martello.

Matteo insistette, Mauro si oppose, Claudio diede ragione a Matteo, Luciano si infervorò per non essere da meno; fu infine deciso a larga maggioranza che si sarebbe fatto lo scherzo della Bella Addormentata. Mancava solo la vittima designata, ma dato che ormai tutti gli avventori del bar l'avevano subìto almeno una volta, i quattro dovettero rassegnarsi ad archiviare l'idea. Al signor Pinelli lo scherzo era stato fatto l'anno prima, a Ottaviano il Vedovo addirittura due volte, a Carlone una volta sola ed era bastata.

Poi, nel mezzo della disperazione più cupa, qualcosa accadde.

Che cos'è il destino, per chi non crede nella Provvidenza? Un caso? Una serie fortuita di circostanze buttate alla rinfusa dal fato e rimescolate dalla sfiga? Come gli audaci che, gettandosi senza giudizio nell'oceano della vita, trovano spesso sulla loro rotta un'isola di salvezza predisposta dalla sorte; così i nostri quattro eroi videro quel giorno splendere tra le nubi la stella polare. Più che le nubi, era solo la porta del Circolo Arci e, più che una stella, si trattava del signor Gabriele di ritorno dalla voltatura del fieno.

Il signor Gabriele viveva vicino all'argine del fiume Secchia in compagnia di un trattore, tre polli e sua moglie. Al mondo c'è chi sa capire tutto al volo, chi è fino di cervello e chi brilla per arguzia: Gabriele invece era bravo con la vanga. Aveva la fronte bassa, più terra sotto gli scarponi che nel campo e un fazzoletto intorno al collo. Questo fazzoletto era passato alla storia e, come tutte le cose antiche e immutabili, aveva alimentato molte leggende. Ad esempio, nessuno aveva mai capito se il signor Gabriele se ne fosse mai svestito. Uno dei tanti interrogativi era se avesse il fazzoletto tanto sporcato il collo o viceversa; o anzi se fosse stata una indicibile calamità a ridurli entrambi in quello stato. Dato che di fronte ad un simile soggetto è facile sentirsi poeti, diremo che le sue mani erano dritte e levigate come la corteccia degli ulivi; la testa era un nido di corvi devastato dalle volpi; il naso, una grondaia; le orecchie, un sito archeologico; la bocca, un cane morto; la spalla sinistra una montagna e la destra la pianura; le gambe, una fionda; i piedi, barche da fiume; le braccia,

radici di olmo; le dita, zucchine; il culo, un sacco vuoto; la voce, quella dei fagioli.

"Olà, signor Gabriele!" disse Matteo.

"Vacca boia!" disse Mauro a Claudio. "Ci eravamo scordati del vecchio Gabriele!"

E, rivolto al contadino: "Signor Gabriele, come va?"

Questi, che nella sua lunga vita era stato apostrofato con molti nomi, ma con quello di *signore* mai, credette che ci fosse un suo omonimo nel bar. Ma poiché l'istinto di voltarsi al suono del proprio nome è irresistibile per chiunque, si limitò a guardarsi intorno in modo vago, sopra le teste degli avventori, come se fosse possibile incontrare uno sguardo a tre metri d'altezza. Posò quindi gli occhi sul bicchiere che Attilio stava riempiendo di Lambrusco e i muscoli del viso gli si rilassarono in un mezzo sorriso di traverso.

Come quattro falchi che si gettino insieme sullo stesso coniglio, gli annoiati amici in un lampo furono in piedi, lo circondarono e gli tempestarono le spalle di manate.

"Olà!" gridavano girandogli intorno, "Bravo signor Gabriele!" e "Evviva il buon signor Gabriele!"

Il vecchio contadino, che per il subitaneo terrore era impietrito, strabuzzò gli occhi e roteò più volte su se stesso, non sapendo a quale crimine imputare quella punizione. E chi erano mai questi quattro invasati? Le mani continuarono per due minuti buoni a spolverare la giacchetta lisa del povero Gabriele. A causa di questo movimento sì sollevò una nuvola di polvere e terra che qualcuno giurò di aver visto fin dagli argini del Panaro. Strattonandolo per le bretelle, gridandogli nelle orecchie "Bravo!", stirandogli la camicia a sganassoni, pestandogli le scarpacce, facendolo insomma girare come una trottola, lo fecero uscire dal bar, senza neanche dargli il tempo non dico di bere, ma nemmeno di annusare il suo Lambrusco.

"Ma…! Oh!" Gridava il povero Gabriele. "Chi siete, chi vi conosce? Cosa volete da me? Dai, va' là, che non è giornata! Oh, e allora!"

Tra una manata e l'altra il contadino fu sospinto su per la Statale, attraverso l'incrocio con la Tangenziale verso la Via Emilia, davanti alla ferramenta Pistocchi, poi ancora avanti per sette o otto isolati. E durante il tragitto presero a dirgli: "Lei è fortunato, Gabriele!"

"Io?" rispose il vecchio al colmo dell'orrore. "E quando mai?"

"Una nostra amica la vuol conoscere, ed è una ragazza che di più belle non ce n'è!"

"A me, mi vuole conoscere? Ma te sei matto! Lasciatemi andare, dai, che se non vado a casa presto mia moglie diventa una bestia!"

"Altro che bestia, signor Gabriele: oggi le faremo conoscere la bontà in persona! Uno zucchero di donna! Si troverà bene, vedrà."

Nel frattempo Claudio aveva inforcato la bicicletta e, dopo essere passato dalla farmacia per una certa commissione, si era precipitato a suonare al citofono di una signorina, tale Giuliana.

"Sì?" disse il citofono.

"Giuliana, sono Claudio! Apri, presto, che c'è da fare la Bella Addormentata!"

Quando Giuliana aprì la porta, non si poteva dire che fosse troppo vestita. Era una bruna dalle caviglie prensili, venticinquenne da parecchio tempo. Come tante della sua condizione, mostrava un'intransigente onestà nei confronti dei libertini, purché fossero spiantati; era casta con i nullatenenti, oltre che inaccessibile ai poveri e agli sprovvisti di liquidi; era di quelle donne disposte a respingere un assalto appassionato se non è accompagnato da ragioni più che evidenti. Altrimenti era di buon cuore.

Claudio le spiegò che le avrebbero portato di lì a poco una vittima; ma non fu necessario usare troppe parole, visto che il gioco non era nuovo a Giuliana. Non avevano finito di parlare che il citofonò suonò.

"Questi devono essere loro!" disse Claudio tutto eccitato. "Apri, apri!"

Quindi si udì, in fondo alla tromba delle scale, un cicaleccio animato, che divenne un frastuono man mano che l'ascensore si avvicinava al piano, nel quale si potevano distinguere le voci spietate dei tre aguzzini: "Ma stia calmo, Gabriele, che siamo arrivati!" "Sì, stia buonino, vedrà che non avrà da pentirsi." "E non si dimeni così, che m'ha messo un gomito in bocca!"

Ma l'agricoltore, stretto nell'ascensore con i suoi tre rapitori e sentendosi in trappola, non la finiva di agitarsi e di sbracciare. "Calmo mia nonna! O dai, che è durata anche troppo! Fatemi andar via che c'ho da fare! Se no, mia moglie mi dà in testa la canella!"

Infine, come in un turbine umano, lo strano gruppo uscì di pressione dall'ascensore e si infilò nell'appartamento di Giuliana: prima Matteo a guisa di apripista e facendo l'occhiolino a Claudio, poi il povero Gabriele come un condannato a morte, quindi Mauro a spingere da dietro e infine Luciano col compito di chiudere la porta.

"Signor Gabriele, le presento la signorina Giuliana," disse Claudio al contadino.

"Tanto piacere," rispose lui, continuando a cercare con gli occhi una via di fuga.

"Oh, signor Gabriele," esclamò Giuliana, "finalmente la conosco! Mi hanno detto tante belle cose di lei, sapesse!"

Parlando, la ragazza si era diretta nel salottino, seguita a mo' di falange dai quattro giovani; Gabriele, che era stretto tra i due fuochi, non poté fare altro che entrare anche lui nell'alcova.

"Ma, signorina," disse, "a me non mi sembra che possiamo di conoscere qualcuno in comunella, io e lei."

"Signori," tagliò corto Luciano indicando col dito il vecchio e la ragazza, "propongo un brindisi a questa così bella coppia di giovani."

"Giusto!" disse Claudio, e si recò in cucina. Qui, estrasse dalla tasca l'involto della farmacia, lo aprì e ne prelevò tre bustine. Non appena Giuliana l'ebbe raggiunto dal tinello, Claudio le chiese: "Di' un po', hai qualcosa da fargli bere?"

Dal frigorifero fu estratta una bottiglia di pessimo Prosecco piena per metà, con la quale furono riempiti decorosamente sei bicchieri diversi tra loro. In uno di questi, che recava l'immagine di Paperino, Claudio fece cadere il contenuto delle tre bustine.

"Non è che così lo ammazzi?" domandò Giuliana.

"Stai tranquilla," rispose lui, "è solo un sedativo. Vedrai che poi si risveglia, più pimpante di prima."

"Spero solo per voi che abbia la fresca. Non ho tempo da perdere, io."

"Scherzi? I contadini come lui ne hanno sempre un sacco in tasca, perché non si fidano delle banche. Andiamo, ci sarà da ridere."

I due rientrarono nel salottino proprio mentre Gabriele stava rialzandosi dalla poltrona in cui era stato fatto accomodare a forza, deciso a fuggire o a perire nel tentativo.

"Ma dove va?" lo apostrofò Giuliana. "Proprio adesso che siamo pronti per il brindisi? Non mi farà questa scortesia!"

Così, col sedere a mezz'asta e le ginocchia indecise, il buon Gabriele accettò il bicchiere che gli veniva offerto. Lanciando occhiate sospettose intorno, lo vuotò d'un fiato, poi ricadde seduto. A questo punto, gli occhi dei cinque furfanti si puntarono su di lui. In un silenzio irreale lo videro sbadigliare, poi reclinare la testa e infine chiudere le palpebre. Dopo neanche dieci secondi, il vecchio russava con un fragore d'inferno.

Ciò che accadde da lì in poi, al povero Gabriele non fu dato sapere. Si può solo supporre che le sue tasche furono frugate fin nei più insondabili recessi, che il suo denaro fu trovato e messo in sicurezza nel comò di Giuliana. Che la giovane divenne improvvisamente felice. Che questa felicità risvegliò il lato del suo carattere più romantico e meno bacchettone. Che i quattro amici, a turno, ebbero da Giuliana - bontà sua - una chiara dimostrazione di riconoscenza. Accadde dunque che, dopo avere invitato il povero Gabriele a pranzo, essi banchettarono a sue spese mentre lui digiunava dormendo.

Non era ancora sceso il buio quando i quattro burloni uscirono barcollando dalla porta di Giuliana, chi con una scarpa ancora slacciata, chi con la fibbia della cinghia dietro anziché davanti, chi con la camicia alla zuava, chi con le braghe sulle ventitre.

Ma il cielo di luglio non conservava più che le ultime luci del tramonto quando il signor Gabriele, seduto immobile sulla stessa poltrona da più di tre ore, aprì lentamente gli occhi e li puntò su un lampadario sconosciuto di un salotto altrettanto sconosciuto. Quando l'ebbe studiato, sembrò vagamente riconoscerlo. Dove l'aveva visto? Forse a casa di una signorina? E come c'era arrivato da questa signorina? Tutto ciò aveva qualche rapporto con quei quattro delinquenti visti il giorno prima? O era successo due giorni prima? D'un tratto, finalmente, tutti questi pezzi si ricomposero nei ricordi di Gabriele, che rivide per filo e per segno tutta la disavventura di quel giorno, dal suo ingresso nel bar a quando aveva accostato le labbra al bicchiere con l'immagine di Paperino. Allora spalancò gli occhi e fece un balzo come quella volta che s'era seduto sul rastrello.

"Dove sono? Per dov'è che si esce? Che ore sono? Oddio, mia moglie m'accoppa!" cominciò a strillare. Giuliana, che stava poco distante in attesa del risveglio, gli si avvicinò e gli disse: "Ma no, tesoro, non andare via così presto."

"Signorina, mi dica indove è l'uscita, se no me la trovo da me!" rispose Gabriele, poi sembrò trasalire: "Ma com'è che mi ha chiamato?"

"Caro, non mi trattare così!" disse lei con trasporto, "ricordati dei bei momenti che abbiamo trascorso, oggi. E se è pur vero che il merito è stato interamente tuo, non mi disprezzare se non sono stata alla tua altezza. Oh," continuò la crudele mentre il contadino la fissava sbalordito, "oh, che amante sei, tesoro! Che irruenza, che vigore! Sono certa che non esiste nessuno capace di amare con più perfetta padronanza del mestiere, di quanto tu abbia dimostrato di saper fare con me oggi! E se dico così, non credere che io parli per esperienza, come se fossi donna di facili costumi! Posso anzi giurarti su quanto possiedo di più inesistente o di immaginario, che prima di conoscere te ero illibata come la mamma che m'ha messo al mondo!"

"Ma, signorina!" protestò il disgraziato. "Cos'è che dice? Che io e lei, non c'abbiamo mai avuto che fare. Se no, mi ricorderei! Mi lasci andare, dai, che qui mi viene notte addosso! Devo andare a casa." E dicendo questo tentava di farsi largo tra i tentacoli di Giuliana per raggiungere l'uscita. Infine, il povero agricoltore riuscì ad aguantare il pomello della porta e a fuggire sul pianerottolo.

"Gabriele, promettimi che non mi dimenticherai!" gli gridò la giovane (in questo dimostrandosi una vera criminale) mentre lui si lanciava giù per le scale a rotta di collo. "Io non ti scorderò, Gabriele D'Annunzio!"

Uscire dal portone, accorgersi che era già buio e disperarsi, per il signor Gabriele fu tutt'uno.

Si direbbe che le situazioni di grave difficoltà siano in grado di fare emergere risorse inaspettate, di fare sopravvivere un filo di tenue ottimismo anche quando tutto sembrerebbe perduto. Così Gabriele si mise, per così dire, le gambe in spalla e percorse al contrario tutta la strada dalla casa di Giuliana al maledetto bar, e da qui a casa sua. Per tutto il tragitto gli tornò alla mente quel nome, Gabriele D'Annunzio, con cui la giovane l'aveva chiamato. Non si trattava forse di un famoso dongiovanni? Stai a vedere che, a sua insaputa, aveva compiuto gesta che riteneva ormai un ricordo lontano. Stai a vedere che con quella Giuliana aveva fatto una chiacchierata approfondita su temi amorosi; proprio lui che da trent'anni, su questo argomento, non sapeva tenere in piedi una frase, e men che meno un discorso compiuto. Il futuro allora era un po' più roseo, c'era ancora speranza.

Ma non appena posò un piede in casa e vide sua moglie, ogni residuo di speranza gli morì nel petto e le forze lo abbandonarono. Non ebbe neanche animo di mormorare una parola di scuse per l'ingiustificabile ritardo, tanto più che conosceva bene la dolcezza della sua consorte.

Costei aveva le dimensioni e la villosità di un pugile sovrappeso, senza possederne la grazia. E se pure apparteneva alla specie umana, non poteva evitare d'assomigliare in maniera impressionante ad un contenitore per cereali dotato di piedi.

Quando la moglie di Gabriele (che egli nei più nascosti pensieri chiamava 'La vedova Ricci', con vaga invidia del proprio predecessore il quale, essendo defunto, non poteva più buscarle) avanzò verso di lui sollevando a mezz'aria il mattarello, fu come quando, sul grande oceano, il marinaio alza gli occhi e vede il cielo rannuvolarsi minaccioso. Si udì un gorgoglio profondo e cupo, come il brontolare del tuono, provenire dalle fauci della moglie. Allora il contadino vide gli occhi accigliati di lei, che continuava ad avanzare, lanciare una serie di lampi.

Il povero Gabriele cominciò a preoccuparsi un pochino.

Quasi per sorprendere la moglie in contropiede, mentre questa si arrotolava la manica con la mano sinistra, le disse: "Ciao. D'ora in avanti, chiamami Gabriele D'Annunzio!"

A questa frase, il mostro rispose con un ghigno spaventoso: "Sì, proprio te! Proprio te! Allora, a me chiamami Lollobrigida! Ve', ciccino, vieni qua. Te lo do io, Gabriele D'Annunzio!"

Poi la burrasca si scatenò con tanta violenza che a nulla valsero la diligenza e l'abilità di Gabriele nello schivare i colpi di mattarello. E così fu colto nello stesso tempo dalla tempesta e da un malessere profondo. Non per questo però tralasciò il proprio tentativo di evitare le busse, se non proprio per sfuggire alla macinatura, almeno per non farsi tritare le ossa più importanti.

Tante ne prese, quella sera, che per parecchio tempo non fu visto al Circolo Arci. Ma nei giorni successivi, chi si fosse aggirato vicino al suo campo l'avrebbe visto lavorare di zappa sotto lo sguardo vigile della sua carceriera. Col tempo, però, il furore della moglie pian piano andò scemando; a Gabriele fu concesso di fare una capatina nel bar, di tanto in tanto, giusto per un Lambrusco veloce.

Finché campò, non permise più a nessuno di chiamarlo semplicemente Gabriele. Se qualcuno gli rivolgeva la parola chiamandolo col suo nome, lui si impettiva tutto, lo squadrava dall'alto in basso con una strana luce negli occhi, sbirciava intorno per essere certo di avere qualche ascoltatore e, a voce alta, lo apostrofava così: "Ti informo che per te, per tua informazione, per la precisione, puoi chiamarmi Gabriele D'Annunzio. E chi so io, lo sa lei il perché!"

Poi, soddisfatto, ordinava ad Attilio un altro bicchiere e si estraniava dal mondo. Lo tracannava fino all'ultima goccia, lanciava a tutti uno sguardo pieno di orgoglio e spariva senza salutare.

I lupi

*"Guarda, arrivano i lupi
sulla campagna addormentata,
hanno fame e sono in tanti…*

Nel mese in cui la notte è schiava sotto il regno del sole, esposto allo sguardo imperturbabile del dio Apollo, incurante della polvere che si posa a terra come un auspicio, il cavallo è immobile e sembra attendere qualcosa. La porta della città, essa stessa grande come un piccolo regno verticale, che ha fatto fremere per opposte ragioni gli opposti eserciti stanchi, che da dieci anni si è concessa come sposa fedele solo a chi parlasse la sua lingua, si spalanca di malavoglia. E geme, sugli immensi cardini, come una Cassandra di legno.

I piedi puntano sulla terra troiana, i polmoni e le braccia troiane si fiaccano nello sforzo di spingere e trascinare l'enorme peso finché, nel tardo pomeriggio, il brutale mercimonio è concluso: il cavallo di legno greco è entrato a viva forza nel ventre della madre di tutti i troiani, ed essi festeggiano felici.

Il palazzo di Priamo è illuminato come durante l'incoronazione di un principe. Mentre gli dei chiudono gli occhi del sole, liberando le ciglia d'argento della notte, le fiaccole sulle terrazze ricoperte di granito e pietre d'Egitto trasformano Troia in un discepolo di Iperione, titano della luce.

Dopo aver tolto le assi dai loro banchi, i venditori di dolci e datteri accendono tutti i lumi ad olio disponibili. Ci sono ragazzi che non hanno mai guardato oltre i bastioni di Troia senza scorgere il nemico appollaiato sulla spiaggia come un ciclope dal sonno leggero; ora si riversano per le strade lastricate, più per vedere gli adulti piangere di felicità e gridare frasi inaudite, che per aver davvero capito che la guerra è vinta, e dunque finita. In fretta si issano festoni colorati alle pareti dei quartieri popolari e attraverso le vie di passaggio. Uno studente passa più volte sotto gli spalti gremiti di soldati increduli, berciando a squarciagola e seguito in breve da tutti i suoi compagni, chi consumandosi i talloni sulle pietre dure, chi scorticando la groppa del suo cavallo. Il vociare cresce, diviene come l'onda del grande mare quando Poseidone è furioso per un torto subito.

"Abbiamo vinto la guerra," grida una grassa matrona sporgendosi paurosamente da una finestra, "l'assedio è tolto!"

Ma il marito, temendo meno il giudizio della gente che non la tenuta della balaustra, la tira dentro per un braccio. "Che vai dicendo?" l'apostrofa, "sono i Greci ad averla persa! E se qualcuno ha vinto, il merito è solo di Apollo. Per quanto riguarda te invece, moglie, anche Dioniso non ha lavorato male."

Il grande cavallo di legno è portato al centro della piazza. È così alto che dieci lance una sull'altra non ne toccherebbero la sommità della criniera lignea. Costruito da Agamennone con il sacrificio delle navi prima della ritirata, sembra creato da Crono e da Rea per spaventare sia le creature di terra sia quelle marine. Conserva ancora le forme delle prue, delle fiancate e dei timoni, rivelando la sua origine e il suo fattore. Sui suoi fianchi degni di Argo, il sudore dei marinai si è confuso con il sale e con il vento. La cresta è una selva di pennoni come lo scheletro di un mostro antico. I suoi occhi sono antri bui, da cui gli occhi dei soldati greci silenziosi guardano i figli e le mogli dei troiani, non diversamente dall'aquila che passa più volte a gettare un'ombra foriera di morte tra il sole e la lepre ignara.

Mai nessuna opera è stata più degna di chiamarsi greca: partorito dalla mente di Odisseo, il cavallo tra poco lo partorirà a sua volta, allo stesso tempo padre e figlio del re.

Quando gli enormi otri di vino mescolato ad acqua, messi a disposizione del popolo, sono finalmente vuoti, le grida si acquietano gradatamente e un grande sonno sembra scendere sulla città in festa. Facendosi strada leggermente intorno ai corpi distesi a russare lungo la strada, tra i quali si possono distinguere poveri acquaioli quanto volti nobili, falegnami e uomini di lettere, superando con agili salti le pozzanghere di vino, urina e chissà che altro, una giovane dai fianchi sottili attraversa la città di Troia. Superata la porta Scea settentrionale, quest'ombra sfiora una piccola casa di legno e paglia a ridosso delle mura, comprende dalla posizione di Cassiopea che tra poco albeggerà e sparisce nel buio.

In questa casupola, più umida che esposta al sole nelle giornate d'inverno, vive il piccolo Iro con la giovane madre. Se la fortuna è una ciambella che Zeus si degna di spartire tra i mortali, sostenere che Iro ne abbia avuto in sorte una briciola significa fargli un torto, ed egli non ha bisogno di subirne altri. Durante gli inverni bui, la madre di Iro gli ha raccontato tutto dei Greci, che sono arrivati dieci anni prima, come auspicio tremendo, proprio mentre Iro veniva al mondo. Il ragazzo è cresciuto in una città assediata, non ha mai conosciuto altri discorsi che quelli di una comunità in perpetuo allarme.

"Quando eri giovane tu, madre, non c'erano i Greci?"

"Ma io sono giovane!"

"Dicevo, prima che nascessi io."

Allora avrebbe dovuto dire bambina, non giovane.

"No, Iro, non c'erano e si poteva uscire dalla città. Naturalmente, solo di giorno."

"Perché di notte no?"

"Te l'ho già detto," ripete Ilitia, poiché questo è il suo nome, "di notte c'erano i lupi."

"E adesso?"

"Adesso ci sono i Greci, ed è molto peggio."

"Ma non se ne sono andati?"

"Hai ragione, Iro! Se ne sono andati oggi, sì. Ora ci sono solo i lupi, fuori, la notte. È lo stesso una buona ragione per non uscire mai dalle porte della città quando Apollo nasconde il suo volto infuocato."

"Mi divorerebbero?"

"Oh, non parliamone nemmeno!" dice sua madre. "Oggi è stata una giornata molto particolare. Io sono stanca e tu a quest'ora della notte dovresti dormire."

Spento il piccolo lume a olio e baciato il figlio sugli occhi, Ilitia si volta sulla stuoia di paglia. Ben presto, il suo respiro di giovane ragazza è profondo e regolare. Anche Estia, la dea protettrice della casa, si assopisce per la stanchezza. Solo Iro non può prendere sonno, certo ostacolato dai suoi dieci anni e dalla sua fantasia. I lupi! Chissà perché, gli fanno molta più impressione dei Greci, che non ha mai incontrato e che, dopo tutto, sono uomini. Ma i lupi! Chissà che forma hanno, e che odore, e se sono davvero così terribili.

Zeus si compiace di poggiare un dito sulla stella polare e di far girare ancora un po' il firmamento a suo comodo. Intanto Iro è sdraiato nel buio ma non dorme. Pensa ai lupi.

Anche nel cavallo di legno, i Greci sono tutti svegli. Non ce n'è uno che non sudi copiosamente sotto il pettorale di bronzo. Neottolemo freme più degli altri, si avvicina a un uomo dalla barba nera e gli bisbiglia: "Ora!"

"Calma," gli risponde questi con un filo di voce; ma il suo sguardo è quello di un re.

"Calmo sarai tu, Odisseo. Sei tu, quello paziente. Ma io sono il figlio di Achille! Andiamo, adesso! I troiani dormono."

Il re greco, furbo come un animale, tace, scruta fuori nella notte troiana, ascolta il silenzio. Poi: "E sia," bisbiglia, "aprite il portello, lentamente."

"Un'ultima cosa," lo trattiene per il braccio Neottolemo, "ricordati che Priamo è mio!"

Odisseo non lo degna di una risposta. Dà ai suoi, più con cenni che con parole, gli ultimi comandi. Al centro della grande piazza, il cavallo freme di pura ombra. Un filo sottile gli pende dall'addome, è una corda di canapa greca. I soldati scendono lungo il canapo in silenzio perfetto, i loro sandali non fanno rumore lungo le strade di Troia. Mani greche armeggiano con i chiavistelli interni delle porte secondarie, le aprono, escono nella campagna e conficcano una torcia accesa nel terreno. Comincia la seconda fase della missione: i drappelli si ricongiungono sulla piazza e si dirigono alle porte Scee, grandi come piccoli regni verticali.

La porta detta Tracia può essere percorsa da non più di due persone insieme, è bassa e quasi invisibile nelle immense mura della città. Si trova nel quartiere settentrionale, proprio accanto alla casa di Ilitia.

Iro ode il rumore dell'apertura, poi dei passi guardinghi. A tentoni nel buio tocca la madre che dorme, resta alcuni istanti in ascolto e, non udendo più nulla, si alza e si affaccia sulla strada. Ma la notte è di nuovo silenziosa. Le stelle non fanno rumore e la

154

città ancora meno. Allora, cos'è stato quello scricchiolio, chiaro e nitido udito nel buio? Forse è Hypnos, il dio del sonno che si prende gioco del piccolo Iro, o forse la piccola porta Tracia è stata aperta.

Iro conosce bene l'architettura di quell'angolo di Troia, dove ha passato tutta la sua vita. Esce di casa, si dirige verso destra e ben presto incontra l'alto muro di cinta. Dove la rientranza tradisce la presenza di un passaggio, Iro mette la mano: la porta è aperta! Il motivo diviene subito chiaro. Se i Greci se ne sono andati, che ragione ci sarebbe di tenere chiuse le porte come durante l'assedio? Sì, ma ci sono sempre i lupi. I lupi descritti da sua madre e mai completamente compresi da lui.

Forse uscendo, pensa Iro, li incontrerò finalmente, saprò che cosa sono.

La dea Eos non ha ancora sfiorato con la mano la notte come gesto d'invito per Apollo, che infatti dorme. Un sottile vento da nord rinfresca la campagna portando più velocemente il canto della cavalletta e dell'usignolo alle orecchie di Iro. È la stagione in cui le fragole selvatiche arrossiscono e piangono prima del mattino grosse lacrime gelide, ma il loro profumo si mescola a quello della violaciocca e si confonde con gli spruzzi delle onde, dopo avere accarezzato la città addormentata.

Il bambino ha un brivido non del tutto sgradevole; gusta sotto i piedi nudi la rugiada così cara a Gea e Demetra, che ogni giorno vegliano senza lamentarsi per assicurare il buon pane ai mortali. Alle sue narici arriva il profumo del pelo di coniglio. È certamente rintanato poco distante. Da lontano, un gufo si lamenta. Le fredde stelle non gettano nessun calore sulla sua pelle, né sulla terra, né su Troia. È bello trovarsi fuori delle mura e pensare che i profumi giungono da molto lontano, e il canto del barbagianni o il grido della volpe provengono dalle foreste sulle colline, o da luoghi anche più remoti.

Iro ode, improvvisamente, una presenza nel buio. Il respiro è pesante, come quello di un grosso animale; cammina di soppiatto, trascinando il corpo attraverso l'erba grassa. È così vicino che il ragazzo potrebbe allungare un piede e toccarlo. Il suono si sdoppia, gli animali sono due, uno a destra e uno a sinistra. Si avvicinano. Sembra che vadano entrambi, in silenzio, verso la porta

Tracia, che si trova venti passi dietro Iro. Altri suoni e rumori strascicati, e sbuffi smorzati, rivelano che ci sono molti animali della stessa schiatta; possono essere addirittura centinaia, perché il rumore soffocato si moltiplica. Una moltitudine di esseri borbottanti e circospetti gli passa accanto mentre si dirige verso la città. Iro si fa coraggio e ne tocca uno mentre gli striscia vicino. Ha il dorso duro come il bronzo ma è morbido sulla criniera. Questa migrazione si protrae per molto tempo, poi finalmente Efesto incendia un lembo della coperta scura del cielo. Artemide fugge e con lei le stelle. Ma Iro, ancora al buio, continua ad assistere con la punta delle dita e con il vigile orecchio al passaggio dello strano branco, che pare formato dai fratelli di Licaone.

Invece sono esseri mortali, venuti dalla Grecia per una donna, e hanno aspettato dieci anni di entrare per una grande porta. Ora, come lupi, si infilano per la piccola porta Tracia, sciamano per le vie di Troia. Già si odono grida di guerra e di donne, di soldati e di paura.

Iro tende la mano e fiuta il vento, ascolta i suoni. Nessuno calpesta più l'erba dei campi, anche il gufo tace, e se le fragole non mandano più il loro profumo aiutate da Borea o Zefiro è segno che altri dei, e più potenti, si sono degnati di volgere il loro occhio su Troia. Infatti dentro la città si è svegliato Ares e sta insegnando la guerra anche a chi non vuole impararla.

Odisseo è famoso per la perfetta organizzazione delle sue truppe. I drappelli hanno aperto le porte secondarie e sono ritornati in breve tempo alla piazza. Neottolemo non ha potuto attendere e si è precipitato con alcuni mirmidoni verso il palazzo, dove Priamo sogna Ettore e Paride sogna Elena. I primi due stanno per ricongiungersi grazie a Tanato, dio della morte, gli altri due saranno separati per colpa sua.

Le porte Scee sono aperte a viva forza, le torce accese mandano il segnale atteso all'esercito greco. In breve, il dio del fuoco fa di Troia quello che il dio del tempo non ha potuto. Zeus certamente guarda; sembra che si diverta nel vedere la figlia di Priamo fatta schiava da Agamennone, e molti mortali uccisi da altri che parlano una lingua diversa, mossi alla guerra per la vanità e l'orgoglio di un re.

Iro comincia a tremare per il freddo. Non vede la torcia accesa lasciata come segnale dai Greci accanto alla porta per lui così
familiare, perché Iro è cieco da dieci anni. I suoi occhi spenti non

possono vedere il vecchio portato sulle spalle dal nobile Enea che fugge dalla stessa porta verso le campagne.

L'animo in tumulto, spera di rincasare in fretta: sente il bisogno di raccontare a sua madre l'avventura. È uscito nella campagna, ora che i Greci non ci sono più, ha incontrato i lupi, li ha proprio sentiti e non gli hanno fatto del male.

Ma più si avvicina alla casa e più sono alte le grida, il crepitare delle fiamme, lo scalpiccio dei cavalli sul selciato. Il sorriso gli muore nella bocca. Un uomo enorme lo afferra per il braccio e lo scuote con violenza. Parla una lingua incomprensibile, sembra domandi qualcosa. Iro non può fare altro che piangere. Come portata dal dio Ermes, la voce di sua madre gli giunge all'orecchio, si affievolisce per la distanza o per qualche altro motivo spaventoso.

Poi, il greco di nome Aiace si stanca di lui, fa una terribile risata e lo getta via.

Eri bella

"...se penso un po' a te, così sensibile e leale
nata in mezzo a quella gente..."

Nel centro di Modena, in fondo a via Cesare Battisti, superata via Taglio non c'è quasi niente. Solo un muro che era stato intonacato, una fontanella di ghisa, tre fogli di carta sul marciapiede. Ma un po' più a sinistra, girato l'angolo, si apre una via stretta e alta, dove il sole sparisce con più fretta di come arriva.

È un pomeriggio di fine novembre. In giorni come questo, una sottile nebbia comincia a strisciare fin dal mattino negli spigoli bassi dei vecchi caseggiati, richiamata da non so quale forza invisibile. Si ingrossa mentre percorre i primi quartieri del centro storico, si affretta a riempire la fine dei portici, le povere porte degli scantinati, i tombini umidi e neri. Mentre la vaga luce del giorno fugge dalla città, trasformando una giornata fuligginosa in una giornata fuligginosa con i lampioni accesi, la nebbia si impadronisce di qualsiasi varco libero. I pedoni diretti a casa, verso le sette del pomeriggio, non possono distinguere forme solide se non quando sono tanto vicine da toccarle col naso. I lampioni non illuminano, come sarebbe loro dovere, la strada, ma la nebbia. I filobus procedono, non tra i binari e i fili elettrificati, ma nella nebbia. Chiunque tentasse di scorgere la facciata del Duomo non guarderebbe che la nebbia (per ammirare la cattedrale si dovrebbe conoscere a memoria l'arte romanica). Le signore col bavero rialzato sono del colore della nebbia e trascinano penosamente pechinesi color nebbia attraverso strade lattiginose, sfiorando con grande rischio altre figure in fuga verso un riparo. I caffè, pieni di naufraghi, trasudano umidità e fumo, i loro vetri ne sono colonizzati; così che non c'è distinzione tra gli avventori avvolti in un sudario nubiforme che scrutano fuori espirando vapore, e gli apprendisti avvocati che, passando a lunghe falcate, gettano uno sguardo all'interno, indecisi tra la trasgressione di un aperitivo alcolico e la fretta di scrollarsi di dosso la nebbia. Nebbia che resterà sui loro cappotti, e nelle tasche dei loro gilè, fino al giorno dopo.

In quella via stretta e alta, dunque, il vapore acqueo è il lastricato, è la malta tra i mattoni ed è il colore delle pareti. È il cielo e lo spazio vitale allo stesso tempo. Perciò, chi vi si avventurasse, dovrebbe penare parecchio per scorgere, in fondo al vicolo, una luce gialla e fioca. Può essere un fuoco fatuo o uno scherzo dell'immaginazione. Invece è la luce di una lampadina coperta di polvere, la quale proviene da una piccola vetrina di negozio. Sopra, ai lati e, si potrebbe pensare, anche sotto la vetrina, qualche antico proprietario ha rivestito il muro di tavole di legno che in origine dovevano essere verdi. Ora, non è necessario dirlo, sono color nebbia. Poco più sopra, una decrepita insegna di metallo recita: *Ambrosini & Figli - Stoffe*. Almeno, doveva recitare così un tempo; perché il tempo stesso, forse anche la mano di qualcuno, ha raschiato via la parola *Figli* lasciando solo l'ultima *i* e parte della *l*, come se fosse inconcepibile che da esseri disposti a vivere e lavorare in quel luogo potesse scaturire una discendenza.

Il negozio, tanto piccolo che due avventori non potrebbero evitare di toccarsi, è una rivendita di stoffe al dettaglio. All'interno sono esposti gli articoli più disparati: pedali in ghisa di macchine per cucire; sacchi di spagnolette vuote da sarta; scatoline di legno disposte in gironi da incubo su innumerevoli scaffali, e che contengono: aghi lunghi e corti, aghi spuntati e rotti, aghi da stoffa e da coramella, aghi da calzolaio e da chirurgo, aghi con la cruna larga e con la cruna spaccata, aghi d'acciaio di Còrdoba e di ferro ossidato. Sul pavimento, ingombro di macchinari da sarto di un'altra epoca, tutto ciò che può cadere o ribaltarsi l'ha già fatto. Di stoffe, però, non v'è nemmeno l'ombra, se si eccettua quella dei vestiti del signor Ambrosini.

Costui, erede del fondatore, è un uomo tra i quaranta e i cinquantaquattro anni, con la tendenza all'obesità. È piuttosto basso, ma compensa questa carenza con la circonferenza dell'addome e con la quasi totale calvizie. Se mai un essere umano ha assomigliato a un essere vegetale, il signor Ambrosini è tal quale un cactus. Della pianta grassa possiede la calma, la pazienza, la capacità di sopravvivere in condizioni avverse e l'apparente innocuità. Nessuno, nel quartiere per non parlare del vicolo, ha mai veduto il signor Ambrosini con vestiti il cui colore si discostasse di una sfumatura dal nero. Così come nero pare ogni oggetto che si trovi nel negozio, coperto com'è da anni di polvere incontrastata.

Il signor Ambrosini apre un cassetto di un bancone divenuto nero col tempo, scruta all'interno da dietro i suoi occhiali tondi, poi lo richiude.

"Ma dove l'ho messo?"

Apre un altro cassetto e ha più fortuna. Estrae un libricino dalla copertina nera, unto e bisunto. Lo sfoglia. Legge tra sé, non accorgendosi che parla da solo.

"Vandelli, 1500 euro. Tomasini, 2300. Finelli, 5400."

Alza gli occhi e scruta fuori, nella nebbia, il nulla. Rilegge.

"Finelli, 5400. Possibile? Siamo arrivati a tanto? Bisogna verificare se è solvente. Altrimenti basta, chiudere i rubinetti!"

Posa il libricino, si pulisce le dita unte sui pantaloni, si avvicina a una piccola stufa a gas che rantola pigramente vicino alla vetrina. Guarda fuori attraverso l'untume nero che ricopre il vetro sottile. Tra le spire della nebbia che è riuscita a mimetizzarsi con il buio, un gatto emerge e si avvicina a un piccione infreddolito sul selciato. Il piccione riflette se sia meglio morire tra i denti del gatto o volare attraverso la nebbia di Modena, è dubbioso, infine decide con poca voglia per il secondo destino e si dirige alla cieca verso la torre Ghirlandina. Prima ancora di uscire dal vicolo e di sorvolare i venditori di caldarroste e le loro caldaie, sfiora con l'ala una figura nera in attesa all'angolo della via, poi è inghiottito dal vapore.

La figura sembra umana: ne ha le dimensioni e le proporzioni. Anche se, ferma com'è, pare piuttosto un nero grumo di nebbia solidificata che, come un brutto ricordo, perde consistenza quando te ne allontani, si sfilaccia ai bordi e infine scompare. Il grumo alza un braccio per accendersi una sigaretta. Solleva la testa e guarda in direzione del negozio di stoffe. Cosa guardi di preciso non si sa perché il negozio, per quanto vicino, è altrettanto invisibile del futuro. Ma da sotto la falda del cappello, i suoi occhi scrutano e scrutano. Sono gli occhi di un uomo di trent'anni, che da un mese tutti i giorni si ferma all'angolo, scruta nella nebbia e aspetta.

Dei passi si avvicinano da piazza Matteotti. Non sono passi di un ragioniere o d'una commessa che rientra per la cena: perché di solito queste sottospecie di bipede mettono, nell'ultimo liberatorio viaggio della giornata, tutta la feroce determinazione che hanno risparmiato nelle altre azioni della loro vita. Invece i passi sono indecisi, titubanti, turbati. Il grumo umano fermo all'angolo smette di aspirare il fumo della sigaretta, socchiude gli occhi e tenta di guardare, di sentire.

I passi si avvicinano, ora svelti, ora lenti. Talvolta si fermano, talvolta sembra che abbiano deciso di ritornare al punto di partenza. Infine, due scarpe non più nuove calpestano il ciottolato davanti all'uomo che fuma, svoltano nel vicolo, indugiano un istante, si dirigono verso il negozio del signor Ambrosini.

Il grumo nero di trent'anni, in piedi all'angolo, non visto, ascolta i passi che si allontanano e ricomincia a fumare.

Il signor Ambrosini vede una figura conosciuta materializzarsi davanti al negozio. "Bene, bene," dice a bassa voce.

Ritorna dietro il bancone con un'agilità insospettabile e prende un'aria indaffarata, cambiando posto a oggetti che non gli servono né mai gli serviranno.

La porta si apre facendo *dling*.

"Signor Ambrosini?"

Il visitatore è un uomo all'apparenza distinto, ma i cui vestiti e le cui scarpe – delle quali s'è già parlato – rivelano, a un'analisi appena ravvicinata, uno stato di mesta indigenza mal celata. Deglutisce una caldarrosta e fa un passo dentro.

"Chi è?" dice il signor Ambrosini. "Ah, è lei. Venga, stavo pensando a lei proprio oggi."

"Come sta? Pensava a me? Bene. Come mai?"

"Eh, come mai, come mai. Dovrebbe saperlo."

Il visitatore deglutisce di nuovo senza riuscire a spostare la caldarrosta da una posizione evidentemente molesta.

"Sapeva che sarei venuto?" chiede con la voce rotta.

"Lo speravo. Stia a sentire." Il signor Ambrosini fa comparire il libricino unto, lo apre e legge: "Finelli, 5400." Punta lo sguardo sul visitatore e ripete: "Capisce? Siamo arrivati a 5400. È venuto a saldare, spero. Sì?"

Il professor Finelli, perché è questo il nome del nostro amico, sembra costernato. Guarda in molte direzioni, quasi si affoga con la caldarrosta che è diventata un ostacolo insuperabile. Si apre il primo bottone del cappotto.

"Ma, signor Ambrosini. Cioè. Com'è possibile? 5400 euro, signor Ambrosini? Ma erano 4350 la settimana scorsa, ricordo benissimo! Guardi, me l'ero scritto su un foglio!" dice Finelli dando volta a tutte le tasche del cappotto alla ricerca del foglio.

"Ma lasci stare!" lo blocca Ambrosini. "Lasci stare fogli e foglietti, che non ce n'è bisogno. I conti li faccio già io e vanno bene. Guardi qua. Guardi qua, le dico! Io non le presto i miei quattrini gratis. La mia generosità è disinteressata, ma ha un prezzo. Da 1000 euro di un mese fa eravamo arrivati a 4350 la settimana scorsa, ma è perché lei lascia passare troppo tempo!"

"Troppo tempo," ripete l'altro con un filo di voce.

"Sì, amico mio, io le chiedo il minimo; di meno non posso, mi creda. E gli interessi galoppano! Ci sono gli interessi semplici, a cui vanno sommati quelli composti e quelli addizionali. E poi c'è la mia commissione. La mia assicurazione contro gli infortuni e contro le insolvenze dolose e colpose. Amico mio! L'aumento dell'inflazione e del costo del denaro. Tutti elementi che giocano contro di noi."

"Ma, signor Amb... Io non capisco niente di questi calcoli! Sono un insegnante di lettere, lo sa! Non ho i soldi che lei mi chiede."

"Cosa, cosa, cosa?" sbotta il signor Ambrosini. "Come sarebbe, non li ha? Non venga a fare il piagnisteo con me. Ne ho vista, di gente che diceva 'non ne ho' e poi faceva la bella vita! Soprattutto insegnanti di lettere. Però quando me li ha chiesti io glieli ho dati, è vero o no? Sull'unghia, è vero o no? Mi sono svenato, dissanguato, ma glieli ho dati."

"Me li ha prestati," riconosce Finelli rinunciando per sempre a spingere più giù di così la caldarrosta, "ma non bastano mai."

"E allora, sa cosa le dico? Lei cominci a restituirmeli. Perché lo so, che lei è venuto qui per questo. Amico mio. È venuto per restituirmi i soldi, non è così?"

Finelli guarda in basso, che sembra la direzione più adeguata in cui puntare gli occhi desolati.

"Signor Ambrosini, neanche per sogno. Io non ne ho più. Sono finiti di nuovo. Ero venuto…"

"Non lo dica!"

"…a chiedergliene degli altri. Solo 1000, per pochi giorni."

"Scherza?"

"Anche solo 500, per tirare avanti. Guardi, ne ho proprio bisogno, cerchi di capire."

Il signor Ambrosini ha alzato di scatto un braccio udendo il numero 1000, e anche l'altro braccio è partito verso l'alto alla parola 500. Ora fissa uno sguardo da cactus sul povero Finelli, il quale sembra avere toccato il punto in cui la costernazione trova il suo apice lasciando il posto alla pura disperazione.

"Signor Finelli," gli dice gelido, "le ricordo che io posseggo qualcosa che le appartiene."

"Come faccio a dimenticarlo? Non c'è mattina in cui io non ci pensi, appena sveglio, e me lo sogno di notte, spesso anche di giorno."

"Quindi," riprende il signor Ambrosini, "qualora lei volesse riavere l'urna con le ceneri della sua povera consorte, che io con amore custodisco per lei, le consiglio di venire da me con qualcosa di più delle sue continue richieste di denaro."

"Sissignore."

"Ma faccia presto perché, come le ho spiegato, siamo tutti in balìa dei tassi d'interesse. Non vorrei davvero, no, spero di non dover vendere l'urna per rientrare almeno in parte delle grandi perdite che lei mi sta infliggendo. In questo sciagurato caso, non posso rispondere della sorte che toccherà al suo prezioso contenuto."

Finelli alza lo sguardo e lo riabbassa un numero di volte imprecisato. Sembra che voglia portarsi una manica del cappotto agli occhi, invece fa un passo indietro. Dopo tre tentativi, senza guardare, riesce ad afferrare la maniglia della porta a vetri. Apre uno spiraglio e guarda la nebbia. Anche il signor Ambrosini guarda la nebbia al di là della vetrina. Per sette secondi i due sembrano congelati nella contemplazione del mostro che, fuori, divora allo stesso tempo la notte e la città, silenzioso, bianco e nero allo stesso tempo, fatto allo stesso tempo d'acqua e d'aria.

Finelli esce, si incammina, non in linea retta ma per una rotta tortuosa, sinusoidale e singhiozzante. Il suo passo è sospeso come il suo respiro, è incompiuto come ogni cosa che provenga da lui e gli appartenga. Non s'accorge di essere uscito dal terribile negozio di stoffe, come non s'accorge di procedere molto vicino a un muro color nebbia fino quasi a scontrarsi con un uomo che fuma nel buio; ma gli passa accanto e, incapace di ritornare in qualsivoglia luogo, si perde dio sa dove.

L'uomo che fuma registra con orecchio attento il passo che si allontana. I suoi occhi sono sempre puntati attraverso la nebbia, verso il negozio di stoffe. Si chiude meglio il bavero del cappotto, si accende un'altra sigaretta e scruta.

Il signor Ambrosini, con movimenti da cactus, prende una biro dalla scrivania nera.

"Finelli ne vuole ancora," scrive in lettere minuscole sul libricino. "Ma deve maturare un po' più di ristrettezza. Bisogna spingerlo a vendere l'appartamento."

Ripone il libricino e chiama: "Angelica."

La figlia del signor Ambrosini risponde a questo nome. È una ragazza di sedici anni, gentile e modesta di aspetto. Di corporatura minuta, ha occhi molto chiari. Quando scende da un'angusta scala a chiocciola invisibile tra il ciarpame - che collega il negozio all'appartamento soprastante - si direbbe che qualcuno abbia acceso una luce bianca.

Il signor Ambrosini, dopo la morte della moglie, ha allevato la figlia da solo per più di dieci anni, con tutto lo zelo di un padre responsabile. Si è assicurato che studiasse, che frequentasse il catechismo, che apprendesse i più sani principi morali. È sempre stato molto attento a evitare che qualche malalingua rivelasse alla figlia quale sia, in realtà, la vera attività del commerciante che, senza vendere mai un bottone o un centimetro di stoffa, ha tanti soldi da poterne prestare a un sottosegretario e perfino a un guardasigilli. Osservando Angelica e sentendola parlare, così dolce ragionevole e discreta, nessuno, tra coloro che conoscono il signor Ambrosini, può capacitarsi di come, da un piccolo e aculeato cactus nero, sia potuto sbocciare un fiore di cactus così bianco e delicato.

È vestita semplicemente, senza civetteria ma con una grazia che può essere tutto tranne affettazione, di un maglione bianco e di un paio di calzoni chiari di velluto. L'elastico con cui ha raccolto i capelli in una coda bionda permette di ammirare una fronte graziosissima. Gli occhi sono intelligenti e guardano tutto con leggerezza. Chiede al padre di che cosa abbia bisogno.

"Vai per favore, cara, dalla signora Torloni. Mi deve dare una busta con certi documenti, ma non me la sento di uscire con questo umido. I miei reumatismi, sai."

Angelica sorride e assicura il padre che la commissione sarà svolta con il massimo piacere e velocemente. Si tratta di documenti fiscali per il negozio?

"Esatto, cara. Lo sai che il figlio della signora è commercialista, no? Le avevo chiesto di farmi avere questi documenti che forse ci faranno risparmiare tempo nella gestione dei conti."

Lei (cosa può saperne di usura, ricatti e rate da riscuotere?) si infila un giubbino bianco e un berretto in tinta, bacia il padre su una guancia ed esce. I suoi passi cominciano a risuonare sul selciato del vicolo. Il gatto, che stava per balzare su un piccione congelato, si ferma con una zampa a mezz'aria, gli occhi spalancati, la coda dritta come un pennacchio.

Intorno alle scarpe invernali di Angelica e alle sue caviglie veloci ritorna visibile il selciato, emergono alla luce le soglie dei portoni. La nebbia si ritira un poco, quasi sentisse un'insostenibile incompatibilità con questa ragazza dagli occhi così limpidi. Dà l'idea di una candela che proceda nella notte, la cui luce si propaghi dalla fiamma proteggendola dalle tenebre e da tutto quel che è nero e freddo.

L'uomo che fuma drizza la testa, socchiude gli occhi. Erano i passi di lei? O sono qui da troppo tempo, e i miei desideri sono più veloci di onde sonore? Getta la sigaretta e la spegne col piede. Ascolta. Scruta. I passi provengono dal fondo del vicolo. È certamente lei. L'uomo strizza gli occhi e si prepara a guardare, come se uno spettacolo che viene offerto solo una volta nella vita – lo spettacolo più bello al mondo – stesse per cominciare e non ci fosse speranza, mai più, di una seconda possibilità.

Una luce viene avanti, viene verso di lui. La luce dissolve nel nulla la nebbia mentre Angelica procede verso via Taglio, ora è

quasi all'angolo, ora lo supera, non fa caso all'uomo fermo che guarda, ora passa oltre, ora è una luce lontana, ora è sparita.

La nebbia si riappropria subito, rabbiosamente, di tutto lo spazio e il buio annega di nuovo nei fumi carichi di grondante umidità. L'uomo segue con lo sguardo Angelica che scioglie la nebbia e, per qualche strana ragione, anche il suo animo turbato. La guarda come si guarda una falda di neve che attraversa la notte, finché non è anche lei, come tutte le altre cose, risucchiata dalla nebbia nera. In quel momento il selciato ritorna invisibile, avviluppato nella nube più bassa che mai si sia vista, i muri sono invasi dal loro parassita fatto di vapore, infine tutto ritorna nero al di là della nebbia.

L'uomo che fuma conosce il signor Ambrosini. Alcuni anni fa il cactus gli ha prestato dei soldi per un'impellente necessità, soldi che fortunatamente egli è riuscito a restituire in fretta recuperando il suo pegno. Altrimenti sarebbe stato strangolato allo stesso modo del professore di lettere e di tanti altri come lui, vittime due volte della loro stessa indigenza, dato che il benefattore che doveva attenuarla l'ha spesso decuplicata. E il giorno in cui si è recato dal suo aguzzino per il pagamento dell'ultima rata, ha visto Angelica.

Così, l'estinzione del debito è stata da una parte una benedizione, dall'altra una condanna, perché ha cancellato ogni pretesto o possibilità di vedere ancora la ragazza. Ma ogni sera, prima di rientrare dal lavoro, egli si apposta all'inizio del vicolo con la speranza di vederla passare, anche solo per un attimo. Ma le rivolgerebbe mai la parola? Per dirle cosa? Come potrebbe spiegarle in che occasione e per colpa di quali circostanze l'ha veduta per la prima volta? A lei che senz'altro ignora la vera natura del padre, così come certamente non può sapere nulla della nera fogna che costituisce il mondo di quelli come lui. Una fogna dove chi è in difficoltà diviene subito una preda, e dove quelli come il signor Ambrosini saranno perennemente, spietati, i predatori.

Non gli resta che appostarsi e scrutare nel buio, nella nebbia, da un mese e per molto tempo ancora.

Angelica prosegue, leggera, fino alla casa della signora Torloni. Suona, entra.

"Buonasera."

168

"Buonasera, Angelica. Mi fa piacere vederti. Pensavo venisse tuo padre."

La signora Torloni ha passato tanta parte della sua vita a confezionare tortelli, che ha finito per assomigliarvi in maniera impressionante. Guarda spesso il pavimento.

"Stasera no, signora. C'è troppo umido fuori. Ha chiesto a me di venire. Lei dovrebbe darmi una busta, credo."

"Come sei cara, Angelica. Tuo padre è fortunato," dice la signora-tortello con aria molto triste. Prende una busta voluminosa e la consegna alla ragazza, guardando insistentemente il pavimento.

"Ecco, tesoro. Vai pure, e salutami tuo padre, che Dio lo benedica."

"Un momento, signora. Le volevo parlare, se ha un po' di tempo."

"Volevi parlare con me? Ma con piacere. Dimmi, cara, dimmi tutto quello che vuoi."

"Ecco, le volevo parlare del contenuto della busta."

La signora Torloni smette di guardare il pavimento, sembra d'improvviso più interessata agli occhi di Angelica. "La busta, cara? E perché?"

"Perché, signora," dice la ragazza dopo essersi accomodata su una sedia, "lei deve a mio padre più di 3000 euro, precisamente 3127, centesimo più, centesimo meno."

La signora sente il bisogno di sedersi, appare molto sorpresa.

"Ora, immagino che in questa busta ci siano i 290 euro che lei riesce a racimolare ogni settimana. Mio padre non mi ha mai detto niente, ma è da molto tempo che sbircio sul suo libricino dei conti. Lui pensa che io lo creda un commerciante di stoffe. Ma, vede, questi suoi 290 euro non servono a niente, perché nel frattempo il suo debito aumenta di una cifra maggiore. Così lei non lo estinguerà mai, di questo passo."

La signora Torloni non ha mai assomigliato tanto a un tortello come in questo momento.

"Però è fortunata," continua la ragazza, "perché io le propongo un accomodamento. Resta inteso che il vecchio non dovrà mai saperne niente. Lei gli ha dato in pegno una fede d'oro del suo defunto marito. Lo so, l'ho vista in un cassetto. Mio padre è molto ordinato, per le cose che contano. Adesso, supponiamo che io riesca, con molta cautela, a recuperarla e a consegnarla a lei. È ovvio che questo ha il suo prezzo. Da pagare in anticipo. Per i prossimi sei mesi, lei deve cercare di trovare 200 euro extra per la mia provvigione, e io le prometto in tempi rapidi..."

L'uomo è fermo come un grumo di nebbia, nero e gelato. Fuma e aspetta. Se è andata, deve ritornare. Finalmente i passi conosciuti, da piazza Matteotti, su per via Taglio, molto vicini. La luce pura di Angelica si fa strada nella nebbia nera ancora densa, raggiunge l'angolo, sparisce giù per il vicolo. Lui beve con lo sguardo avido il passaggio dell'unica creatura al mondo che ignori la malizia. Passata lei, ritorna l'oscurità e comincia a cadere una pioggerucola fastidiosa. Il vicolo è nero e buio, la strada è buia e nera, il grumo umano è buio e nero. Getta la sigaretta, la spegne inutilmente, per abitudine, con la scarpa fradicia. Si decide. Un passo sulle pietre viscide, un altro passo sulle mattonelle dei portici dimenticati, un altro passo con fatica per spingersi lontano da quella luce, così bella, che sembra fuori posto in una fogna nera, e che certamente vi è capitata per caso e senza ragione.

Si volta ancora a guardare, ma non c'è più niente da vedere; si fa forza e continua sulla strada verso casa. Ma la sua sagoma è come un grumo di nebbia: prima c'era, e ora è già dissolta.

Lugano addio

*"...io ti ricordo così, il tuo sorriso e i tuoi capelli,
fermi come il lago."*

Marta aveva quattordici anni. Sulla riva del lago, all'ombra a mezzogiorno, tra i vicoli di Lugano, davanti al sole del tardo pomeriggio, sotto il mio sguardo incredulo, i suoi capelli si muovevano con una specie di stanca voluttà. Se mi avessero chiesto che cosa provassi, in un giorno qualunque di quella estate troppo lunga e troppo breve del 1986, avrei guardato non so dove, avrei sorriso e non avrei detto niente. Perché anch'io avevo quattordici anni e non avevo tempo né per rispondere a domande né per farne.

Il sole si spostava sopra il lago mentre, in compagnia dei miei genitori, ogni mattina scendevo dall'albergo alla spiaggia e cercavo con gli occhi quello strano movimento ondulatorio, come di alghe in balia di una corrente tranquilla. Ma erano solo i capelli di una ragazzina di quattordici anni, completamente ignara dell'effetto che faceva su di me la sua presenza su quella spiaggia e, per quel che ne sapevo, su questo mondo.

Era la fine dell'estate, mancava solo una settimana alla partenza. Perfino i turisti tedeschi avevano abbandonato i tavolini dei caffè per ritornare ai loro uffici e alle loro scuole. La spiaggia di Lugano cominciava ad assomigliare, il mattino presto e la sera tardi, a un luogo che non conosce l'invasione di corpi sudati, di creme solari, di cartacce di gelato.

"Andiamo in fondo alla spiaggia?"

Mi voltai. Tra il mio ombrellone e la sabbia, Marta mi guardava da sotto i suoi capelli. Non era bella come le modelle delle riviste patinate che sfogliavo nella sala da pranzo dell'albergo, del resto non faceva nulla per sembrarlo. Ma era lì. Non sfuggiva la mia compagnia, non mi parlava come se fosse un favore e quando rideva era sincera. Ogni tanto, per gioco, mi diceva *Ad-*

dio! ma senza riuscire a restare seria. Aveva un modo di guardarmi, come se mi vedesse per la prima e l'ultima volta.

Dissi a mia madre: "Vado a fare un giro. Ci vediamo."

"Yuri, è quasi ora di cena. Ricordati che abbiamo prenotato al *Ceresio*, alle otto. Non fare tardi."

"Oh, no! Mi fa schifo, il *Ceresio*!" dissi.

"Vengono anche i miei?" chiese Marta.

"Certo," rispose mia madre, "è l'ultima volta che si va a cena fuori tutti insieme, quest'estate."

"Noi due," disse Marta indicandomi, "andiamo a mangiare la pizza al *Tango*."

Mia madre guardò il cielo e sospirò. "Fai come ti pare!" mi disse. "Ma cerca di non rientrare troppo tardi."

Marta si incamminò lungo la spiaggia. Dopo aver ricevuto l'ultima occhiataccia da mia madre, la raggiunsi.

"Hai avuto un'idea perfetta," le dissi. Non rispose e continuò a camminare con i piedi nel lago.

"Cosa farai, da grande?" mi domandò all'improvviso.

"Ma io *sono* grande!"

"Non sto scherzando. Cosa pensi di fare?"

Ci pensai. "Lo scrittore," dissi.

Mi guardò in quel suo modo. "Sul serio?"

"Certo!"

"E scriverai anche di me?"

"Perché no?"

"Scriverai che camminavamo sempre su questa spiaggia?"

Il sole scendeva verso le Alpi, verso la Francia, verso l'oceano.

"Forse," dissi.

"Come, forse?" disse Marta. "Non me lo prometti?"

"No."

"Allora *addio*!" replicò, un attimo prima di correre via.

Restai fermo a pensare se seguirla o no. Non era molto dignitoso correrle sempre dietro. Da lontano, la vidi voltarsi e gridarmi "Addio!" Anche se non lo vedevo distintamente, sapevo però che stava sorridendo.

Naturalmente mi misi a correre.

Arrivato alla fine della spiaggia, dove la sabbia lasciava il posto a certe franate di pietre, mi fermai per riprendere fiato. Marta non c'era. Mi guardai intorno. Proprio a un centimetro dall'infossatura dei monti, il sole aveva cambiato colore ed era cresciuto a dismisura. Riuscivo quasi a guardarlo senza che i miei occhi lacrimassero. A volte mi capitava di riuscire nello stesso modo a guardare gli occhi di Marta, ma solo quando i suoi capelli formavano un velo davanti, un velo sottile che ondeggiava come le alghe del lago.

Qualcuno si mosse alla mia sinistra. Non volli voltare la testa, col terrore di scoprire che si trattava di qualcun altro. Era una figura bianca, sfocata, che percepivo più con un brivido sulle mani e per mezzo di qualche senso sconosciuto, che non con la vista.

Il mio collo ruotò, il sole uscì di scena.

Un vecchio barcone da pesca, con la carena bianca e screpolata, era rovesciato sulla spiaggia e poggiava per metà sulle pietre. Sembrava il tetto di una casa. Marta era lì vicino e mi guardava. Ricordo perfettamente che sorrise come se mi vedesse per la prima e ultima volta, quindi sparì sotto il barcone. Senza pensare a nulla in particolare io la seguii.

Forse allora un gabbiano, planando, beccò una buccia d'arancia proprio dove avevo lasciato l'impronta dei piedi, un turista francese venne a urinare nel lago a due passi dal barcone e se ne andò, il pianeta Venere fu visibile ancor prima che il sole scomparisse del tutto. Forse si accesero i lampioni sul lungolago, scese un piacevole silenzio a indicare l'ora della cena, la brezza cominciò a soffiare da terra, i villeggianti uno ad uno uscirono dai ristoranti con i maglioni sulle spalle. Forse i miei e i suoi genitori si chiesero che fine avessimo fatto, poi conclusero che probabilmente ci stavamo divertendo più di loro e si addormentarono molto presto a causa di una grappa in più. Forse un gatto nero e bianco passò senza fretta guardando la sabbia, la luna era di un quarto scarso, ci fu una rissa giù al molo delle barche.

Sicuramente le stelle percorsero il loro giro strano intorno alla stella polare – che in realtà è il nostro strano giro intorno al polo nord – guardandoci e ridendo.

C'è un istante al confine col mattino in cui viene da pensare che, se la notte durasse solo poche ore in più, il mondo senza dubbio si congelerebbe per sempre. Lo sa bene chi esce con le gambe tremanti da sotto un barcone, come feci io, nell'aria grigia, sperando due cose. Che fosse abbastanza presto da evitare la ramanzina di mio padre, e che il sole sorgesse in fretta e mi tenesse in vita.

Quando Marta emerse alla brezza, i suoi piedi asciutti non lasciavano impronte sulla sabbia gelida. Il suo sguardo era cambiato. Puntava verso il cielo che cominciava a farsi rosato, oppure sulla sabbia. Pareva che non sarebbe stata più capace di guardare davanti a sé, ma poi notai che quando i suoi occhi si alzavano avevano un colore che non poteva venire soltanto dall'alba. Solo molti anni più tardi avrei capito la ragione di quello sguardo che, dopo quella notte, sarebbe stato sempre diviso tra il mistero al di là dell'aria limpida e l'acqua scura del lago.

Tornammo all'albergo senza dire niente, io scrutando i suoi capelli in movimento e lei scrutando ora Cassiopea che scompariva, ora il punto dove i suoi piedi nudi sarebbero affondati nella sabbia umida. Quando arrivammo all'albergo ero quasi troppo assente per notare l'occhiata che mi regalò. Mi guardava, ma senza dare l'impressione che fosse la prima e l'ultima volta. Dicemmo molte cose, o forse no. Poi "Addio" disse lei, e scomparve nella sua camera.

La mattina seguente arrivai alla spiaggia molto tardi. Mia madre mi aveva costretto ad accompagnarla in un negozio di costumi da bagno. Avevo assistito alle sue spese con la faccia imbronciata, guardando di continuo l'orologio. Alla fine mi aveva lasciato libero e, naturalmente, mi ero precipitato al lago per una sola ragione.

Ricordo che arrivai vicino agli ombrelloni proprio mentre qualcuno gridava. Vidi figure di persone correre sulla riva del lago, il bagnino che saltava sulla barca di legno e si metteva a remare come un pazzo. Lo vidi, da lontano, gettarsi poi in acqua e scomparire, e riemergere, più volte. Mia madre piangeva e io mi ostinai a non capire perché. Nessuno mi parlava. Qualcuno pronunciò un nome e io, di nuovo, non volli comprendere. Mi sarei rifiutato di capire anche se avessi visto la faccia che aveva, in quel momento, la madre di Marta, o in che modo suo padre stringeva i pugni e spalancava gli occhi.

Poi il bagnino che tornava piano a riva, esausto e sconvolto, sputando acqua verde, con le alghe sugli avambracci muscolosi e tra le dita, da solo sulla sua barca.

Mi guardai intorno, guardai le facce sulla riva.

Mancava solo lei.

La vacanza è finita. Sono cresciuto in altezza. Mi sono diplomato. All'università ho conosciuto una ragazza di nome Antonia. Mi sono laureato. Ho lavorato dieci anni. Ho sposato Antonia e abbiamo due figli. I miei capelli sono diventati chiari sulle tempie. Ho acquistato una casa discreta che non ho ancora finito di pagare. Eccetera.

"Perché non andiamo sul lago di Lugano?" domandai ad Antonia.

Mi squadrò da sopra la spalla. "Perché proprio il lago di Lugano?"

"Non lo so," dissi. La cosa strana è che non lo sapevo veramente. Non stavo pensando a Marta. Già da molto tempo ero riuscito a seppellire quel ricordo. Perciò, quando proposi a mia moglie di passare le vacanze proprio là, suppongo fosse una semplice coincidenza. Almeno, non è impossibile che lo fosse.

Arrivammo a Lugano a metà agosto. Così, ero di nuovo al lago, ventuno anni dopo.

Non appena trovai il modo, il terzo o quarto giorno di vacanza, sfuggii ai lamenti di mia moglie e agli strilli dei bambini. Mi ritrovai in piedi sulla riva. Il sole scendeva verso l'America. Con i pantaloni lunghi arrotolati al polpaccio, la camiciola che sbatteva alla brezza crescente, i piedi a mollo, guardai davanti a me. A pochi metri dalla riva, sotto il pelo dell'acqua, un ciuffo di alghe ondeggiava con una specie di stanca voluttà. Sotto di esse, un ciottolo bianco pareva un volto di giovinetta.

Finalmente, il ricordo mi assalì con violenza. Rividi scene del passato che in tanti anni avevo coperto con il mio presente di film alla televisione e conversazioni a voce troppo alta. Marta.

Su quel sasso distinsi lineamenti troppo familiari. Apparteneva al regno minerale? I suoi capelli, perché tali mi sembravano, si mossero a formare come un velo davanti a quel volto bianco. Dal centro del lago, la superficie verde ebbe un'increspatura. Divenne un'onda, la vidi crescere e avvicinarsi alla riva. Non esistono onde così alte, pensai, nemmeno sull'oceano. La marea mi bagnò i polpacci, i ginocchi, le cosce. I lombi, lo stomaco il petto.

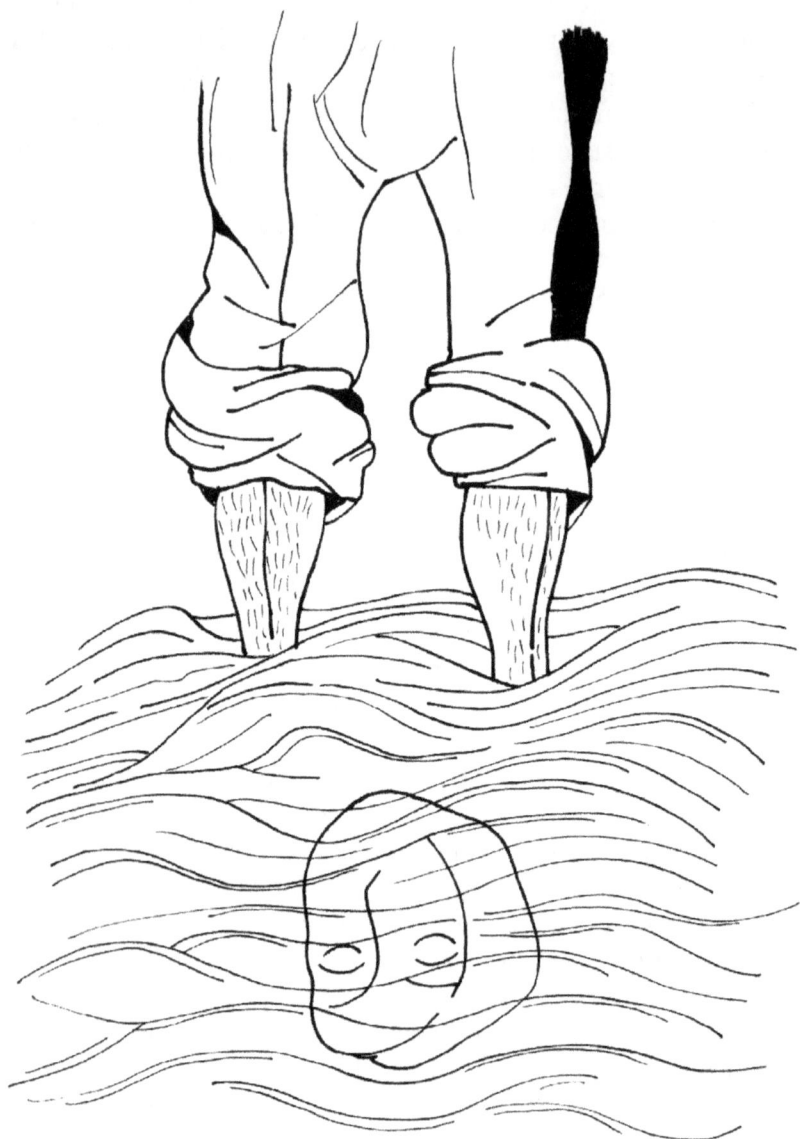

Marta. L'onda mi raggiunse e mi sovrastò. La luce intorno divenne verde. Provai un freddo glaciale, in tutto il corpo, fino alle ossa, allo stomaco, fino ai pensieri. Mi dissi che stavo morendo oppure ero già morto. Ero sott'acqua, nel ventre del lago. Una figura da lontano venne verso me. Nuda, la pelle di un candore accecante, si stagliava contro l'acqua verde. I suoi capelli, come alghe, ondeggiavano furiosamente alla corrente. Anche il suo pube era verde come un ciuffo d'alghe. I seni erano color neve, dello stesso colore che avevano alla luce della luna filtrata dalle assi di un barcone, tanti anni prima.

Gli occhi spalancati dal terrore, gridava qualcosa, ma i suoni non giungevano a me. Le sue labbra bianche dicevano: "Addio! Addio!"

"Marta!" gridai. Le lacrime che mi uscivano dagli occhi si perdevano nel lago, divenivano lago anch'esse, più verdi di acqua ferma. Provai ad avvicinarmi a lei ma indietreggiò con terrore, continuando a lanciarmi il suo commiato silenzioso: "Addio!"

Non riuscivo ad emettere parola, la mia gola era strozzata dall'emozione e dalla pena. Alla fine gemetti: "Lo so, perché mi odii!"

Quel giorno laggiù nel tempo, perché non ero stato con lei? Non per dirle di non entrare nel lago, ché a un tale destino non ci si oppone: ma per entrarci io pure finché potevo, seguendola da lontano come avevamo fatto per gioco tante volte. Ma adesso era tardi.

I suoi capelli erano come i sargassi dell'oceano tormentati dalla corrente. Lunghissimi, verdi e sinuosi, le passavano davanti al viso bianco e intorno alla testa, le si attorcigliavano alla vita, le frustavano i piccoli seni. Nei suoi occhi non vidi l'odio che mi aspettavo, ma un'immensa preoccupazione per me. Temeva che potessi raggiungerla?

Sopra la mia testa il sole, sul lago, stava per tramontare. Ne vidi i raggi obliqui penetrare l'acqua intorno a me.

"Io sono vivo!" gridai al colmo della pena. "Non è l'offesa più grande che potessi farti? Vuoi che resti qua?"

Non la vidi mai così triste. "Addio!" mi disse di nuovo, disperata, la sua bocca. I suoi capelli d'alga si agitavano e si agitavano. Marta galleggiava davanti a me, bianca, e negli occhi aveva un orrore che nessuno saprebbe descrivere.

Non posso dire con precisione le parole che usai in quel momento. Le rammentai che mi aveva chiesto di scrivere di lei. Promisi di farlo, come se si trattasse di un'ammenda tardiva. Non dubitavo della sua presenza reale davanti a me: avevo solo il dubbio che non riuscisse a sentire bene quel che dicevo. A questo punto, le alghe che aveva per capelli si calmarono e scesero un po' sul suo caro volto come a formare un sottile velo, infine si fermarono del tutto. Poi che suoi occhi trovarono quiete, mi sorrise. Senza muoversi si allontanò da me, o dovrei dire che indietreggiò come risucchiata da qualcosa. Restai a guardare finché non la vidi più, mentre solo il passaggio di qualche pesce di lago rompeva l'uniformità di quello spazio liquido e verde, verde...

L'onda che mi aveva inghiottito si ritirò con uno scatto, lasciandomi in piedi sulla riva come mi aveva trovato, intontito e incredulo. Sulla pietra sommersa, adesso le alghe galleggiavano, finalmente ferme.

"Yuri!"

Mi voltai lentamente. Una donna sembrava avercela con me.

"Ti ho chiamato almeno cento volte! Si può sapere perché non mi rispondi? Dormi in piedi, o cosa? Vai un po' a dividere i tuoi figli, che stanno facendo a botte come al solito."

La guardai. Possibile che fosse mia moglie?

"Stai bene?" Mi fissava entrambi gli occhi alternativamente. "Ti muovi? Ti vuoi muovere? Quando hai finito, io sono sotto l'ombrellone. Guarda che stasera siamo a cena al *Ceresio*. Non vorrei fare tardi! Spero di essere stata chiara!"

Si allontanò. Sulla riva, due orrendi mocciosi se le stavano dando di santa ragione. E quelli erano i miei figli? Veramente?

Mi osservai i pantaloni. I risvolti al polpaccio andavano rapidamente asciugandosi. D'istinto mandai gli sguardi verso la fine della spiaggia. Non c'era alcun barcone, solo una franata di pietre e un piccolo bar sprangato con assi di legno. La stagione stava finendo. Tra poco il sole sarebbe scomparso, la brezza avrebbe girato da terra e avrebbe fatto molto freddo. Mi avviai verso i miei figli.

Ogni tanto, quando non riesco a dormire, salgo nel mio studio, apro l'ultimo cassetto e tiro fuori una piccola agenda logora. Dentro, in corrispondenza di una certa data, c'è una vecchia foto.

Sullo sfondo si vede una spiaggia di Lugano, tanti anni fa, a fine estate. Siamo abbracciati e ridiamo per qualche gioco che non ricordo più e che si è perso nel tempo. Io ho l'aria da scemo. Marta invece ha lo sguardo puntato verso qualcosa. I suoi capelli sono finalmente fermi.

"Addio, Lugano," dico, e volto in su gli angoli della bocca, "Marta, addio." Lei continua a ridere, come se fosse il più grande scherzo che mai sentì. Io invece spengo la luce e torno a letto, dove una strana donna di nome Antonia, o Adriana o qualcosa del genere, mi aspetta nel buio.

Yuri Bautta©2014